2000年前から
ローマの哲人は知っていた

選ばれる方法

An Ancient Guide for Modern Politicians

クィントゥス・トゥッリウス・キケロ
Quintus Tullius Cicero

フィリップ・フリーマン編
船山むつみ訳
内藤誼人解説

文響社

はじめに

「高貴な生まれではない」男が挑んだ、最難関の選挙戦

紀元前64年の夏、古代ローマの**最も偉大な雄弁家マルクス・トゥッリウス・キケロは、ローマ共和国で最高の位であるコンスル（執政官）[1]に立候補し、選挙戦を迎えていた。**

この本は、2000年以上前の共和政ローマにおいて、後に「祖国の父」とまでいわれることになるキケロが、選挙戦を勝ち抜くために用いたとされる小さな手引書を翻訳したものである。

42歳のキケロはローマの南の小さな町アルピヌムの出身で、裕福な商人の息子だった。父親は彼とその弟クィントゥスに最高の教育を受けさせ、ギリシアにも留学させて、当時最も有名だった哲学者や、雄弁家の下で学ばせた。

マルクスは演説の才能に恵まれていたうえ、その見事な弁舌の才に劣らぬすばらしい頭脳の持ち主でもあった。しかし、彼は高貴な生まれではなかった。

古代ローマの社会は階級意識が強く、**マルクス・キケロのような生まれの男は共和国を統治するにふさわしくないと考えられていた。しかし、マルクスは、そんな考えは正しくないことを証明してみせるつもりだった。**


若いころのマルクスは、グナエウス・ポンペイウス将軍[2]の下で1年間の軍務に就いたが、特に目立った功績はなかった。この将軍の同名の息子で、将来ユリウス・カエサルからローマ共和国を守ることになるグナエウス・ポンペイウス将軍（「偉大なるポンペイウス」）がマルクスの後援者となったことは、その後の政治家としての彼のキャリアをおおいに助けてくれた。

25歳のとき、マルクスは初めて法廷に立ち、すばらしい人脈を持った男の殺人の容疑を晴らすことに成功した。それからの数年間、マルクスは法廷で多くの有力な人物の弁護をして勝利し、その評判はどんどん高まっていった。

このような法廷での成功はその後、彼が共和国の政治家としての階段をのぼっていくうえでも助けとなった。

マルクスはすでに、コンスル（執政官）よりは低い位であるとはいえ、重要な役職であるクァエストル（財務官）とプラエトル[3]（法務官）の職を立派に勤めあげていた。

しかし、それまでの30年間というもの、**貴族[4]の家柄の生まれではない男がコンスル（執政官）に選ばれたことは一度もなかった**から、マルクスが最終目標を達成するのは、きわめて難しいことだと思われた。

しかし、その年、紀元前64年、マルクス以外の候補者たち、特にアントニウス[5]とカティリナ[6]はあまりにも人気がなかったので（アントニウスは、その残虐な行いから、「ヒブリダ」［半獣］と呼ばれていたほどだ）、貴族のなかにも、この2人に背を向け、マルクス・キケロを支持する者が出てきた。

それでも、小さな町出身の貴族でもない男が、地中海周辺地域の何百万という民を統治するローマ共和国の支配者コンスル（執政官）になるということは、多くの高貴な生まれの人々にとって我慢できることではなかった。

マルクスが勝利するためには、長く厳しい選挙戦を戦わなければならなかった。

「選ばれるため」の心得が書かれた手紙

このとき、兄よりも現実的な人物だった弟のクィントゥスは、兄に助言する必要があると考えた。

クィントゥスは4歳年下で、兄よりも気性が激しく、時には無慈悲にもなれる性格だった。兄の陰にあって目立たなかったが、ずっと兄に忠実で、兄が成功すれば自分にも名誉と富への道が開かれることを知っていた。

兄の親友であるティトゥス・ポンポニウス・アッティクスの妹ポンポニアと結婚して、2年前には息子も生まれていたが、ポンポニアは強情な性格で、結婚生活はあまりうまくいっていなかった。

コンスル（執政官）選挙に向けた選挙運動が始まろうとしていたとき、クィントゥスは兄のために、手紙の形式で選挙運動についての小論を書いた。

『コメンタリオルム・ペティティオニス』というラテン語のタイトルのつけられたこの小論は、**それほど知られてはいないものの、長い時を経て後世まで伝えられてき**

た。

ローマ文学の専門家のなかには、この文章を書いたのがクィントゥスだということを疑う人たちもいて、おそらくは、同時代の別人、あるいは次の世紀のローマ人が書いたのだろうと考えている。一方、この文章の著者は確かにクィントゥスだと信じている専門家たちもいる。

しかし、重要なのは誰が書いたかではない。何が書いてあるかだ。**この著者が紀元前1世紀のローマの政治を知り尽くし、同時に、時代を問わず、選挙に勝つためにはどうしたらいいか、よくわかっている人物だったことは間違いない。**

古代ローマの、リアル過ぎる「票集め」のノウハウ

次章以降で解説する、紀元前1世紀のローマの選挙制度の基本を知っておけば、マルクス・キケロがこの手紙で受け取ったアドバイスを理解する助けになるはずだ。

しかし、現代の読者にとってもっと面白いのは、どうしたら、投票者をうまくあや

って選挙に勝てるかについて、恥ずかしげもなく、実際的なアドバイスの数々が記されていることだろう。

マキャヴェッリの『君主論』と同様に、この小論文は権力の座をめざす者たち、さらにはビジネスシーンや恋愛など人付き合いの場において特別な存在になりたい人たちに、**時代を超えた、きわめて現実的な助言**を与えてくれる。

クィントゥスは兄のために、そして、わたしたち全員のために、**理想主義や、馬鹿正直は脇に置いて、勝つためならなんでもする卑劣な選挙運動の実際**を語ってくれる。

この手紙には、現代の選挙を戦う候補者たちにとって、実に貴重なアドバイスがいっぱいだ。

そのなかでも、最も貴重なものは次のアドバイスだろう。

1.家族や友人たちには、必ず応援してもらわなければならない

忠誠は家庭から始まる。配偶者や子どもたちが応援してくれなかったら、選挙戦が苦しいものになるだけではない。投票者の手前、みっともない思いをすることになる。

クィントゥスは兄にこう警告している。候補者にとって**最も破滅的な悪評は、彼のごく近くの人々の間から出てくる**ものだ。

2.優れた側近をまわりに集めよ

信頼できる、有能な補佐集団を集めること。あなた自身がいろいろな場所に同時にいることはできない。だから、まるで彼ら自身が立候補するかのように、あなたの代理をつとめてくれる補佐役を見つける必要がある。

3.これまでの恩は返してもらおう

以前に助けてあげた人たちに、あなたに借りがあることを、そっとやさしく（あるいは、それほどやさしくなくてもいい）、思い出させるときだ。

あなたにまったく借りのない人の場合は、今あなたを助けてくれれば、あなたのほうが彼らに借りができることをわからせよう。

いったん、当選すれば、彼らが必要とするときに、いくらでも助けてやることができる。

4.支持者の幅を広げよう

これはつまり、マルクス・キケロにとっては、主に、ローマの元老院と裕福な商人たちのコミュニティー[7]の両方のなかにいる、古くからの黒幕たちを味方につけることだった。簡単なことではない。双方の集団はしばしば反目し合っていたからだ。

それでも、兄マルクスは政治というゲームのアウトサイダー[8]なのだから、なんとかがんばって、ほかの候補者たちからはないがしろにされている多様な特定利益集団[9]、地域の団体、それに地方の投票者にもとり入るべきだ、とクィントゥスは兄に強く勧めた。

若い投票者たちも口説く必要がある。もちろん、役に立ちそうな人なら、誰でもだが。

普段であれば、真っ当な人なら付き合いたくないような人とでも、当選を助けてくれる可能性があるなら、**選挙期間中は親友になるべきだ**、ともクィントゥスは書いている。支持者の狭い輪のなかにとどまっていたら、間違いなく落選する。

だが、いったいどうしたら、そんなに幅広い支持者を獲得することができるのだろうか？

5. 誰にでも、どんなことでも、約束してしまえ

よほど極端な場合はさておき、候補者は、**その日に会っている人々が聞きたがっていることを、なんでも言ってやるのがいい。**

保守主義者[10]たちには、自分はずっと保守的な価値観を大切にしてきたと言えばいい。進歩主義者たちには、ずっと彼らの仲間だったと言ってやればいい。

選挙が終わったら、誰に対しても、こう説明してやればすむ。彼らを助けたいのはやまやまなのだが、残念ながら、自分の力ではどうにもならない状況が発生したので、どうにも不可能になった、と。

投票者が心から望んでいることを約束するのを拒否すれば、彼らの怒りは、後になって約束を取り消された場合よりもずっと強い、とクィントゥスは断言している。

6.弁論の技が何より大事

古代ローマでは、政治家になりたいと希望する男は誰でも雄弁術を熱心に学んだ。現代では、新しい多様なメディアが存在するが、それでも、**コミュニケーションのスキルのない候補が選挙に勝つことはない**だろう。

7.町を離れるな

つまり、マルクス・キケロの時代であれば、ローマから遠くに行くな、という意味だ。現代の政治家の場合だったら、いつでも、**重要な投票者のいる場所にいて、握手をしろ**という意味だ。

真剣に立候補しているんだったら、休日なんてない。休暇は選挙に勝ってから、とればいい。

8.敵の弱点を知れ。そして、それを利用せよ

クィントゥスが兄の競争相手を厳しい目で見ていたように、**すべての候補者は自分のライバルの弱みと強みを何もかも知っておくべきだ。**ライバルの悪い面を強調することによって、投票者の注意をライバルの良い面からそらすことだ。

それを徹底的にやれる候補者が勝つ。汚職の噂《うわさ》はすばらしい材料だ。セックスに関するスキャンダルなら、もっといい。

9.恥も外聞もなく、投票者にお世辞を言え

マルクス・キケロは礼儀正しい人だったが、堅苦しくて、他人行儀なところもあった。だから、もっと投票者に対して好意的な態度をとらないといけない、とクィントゥスは忠告している。

相手の目をまっすぐ見たり、背中をやさしく叩《たた》いたりして、彼らのことを重要だと思っていることを伝えよう。**本当に心から大切にしているると思わせるのだ。**

10. 人々に希望を与えよ

どんなにひねくれた投票者であっても、誰かのことを信じたいと思っている。あなたなら、彼らの世界をもっと良くすることができる、と感じさせよう。

そうすれば、彼らはあなたの最も熱心な支持者になる。少なくとも、選挙が終わるまでは。選挙が終わったら、あなたはいやおうなく、彼らの期待を裏切ることになるだろうが。

でも、そんなことはもう、どうだっていい。そのときには、**あなたはすでに選挙に勝っているんだから。**

2000年たっても変わらない本質

このように、この手紙には役に立つアドバイスがたくさん書かれていて、現代の読者も、これなら自分もやってみようと思うものを見つけられるだろう。

なお、今回日本語版の刊行にあたり、巻末には心理学者の内藤誼人氏（立正大学客員教授）による解説を収録した。心理学が生まれるより前に書かれたこの手引書が、ビジネスや人付き合いにおいて「選ばれる」人になるために、現代の心理学に照らし合わせてもはたして有効なのかどうか、より実践的な視点から紐解いていく。

さあ、それではこの小さくも、時を超えて人間の本質を教えてくれる手紙を読み進めてほしい。

共和政ローマは2000年以上前に消滅してしまったが、この手紙を読めば、**物事がいくら変わっても、絶対に変わらぬこともある**のに驚くだろう。

1）共和政ローマの民事・軍事の最高職として、毎年2名が選出された。貴族層でなければめったに手に入らない地位であり、このエリートの地位に就いた者とその子孫はローマの貴族と考えられた。

2）グナエウス・ポンペイウス・マグヌス（紀元前１０６年～紀元前48年）。ローマの大将軍。おおいに富を得て、大衆にも人気があった。

3）ローマのマジストラトゥス（政務官）で、その権力と栄誉はコンスル（執政官）に次ぐ。

4）コンスル（執政官）の職をつとめたことのある者、および先祖がコンスル（執政官）だった者。彼らは共和政ローマの貴族であり、支配者だった。ラテン語で「nobiles」。

5）ガイウス・アントニウス・ヒブリダ。かつては、独裁者スッラの子分で、紀元前70年に元老院から追放された。その4年後、キケロはアントニウスがプラエトル（法務官）に選出されるのを助けたが、紀元前64年のコンスル（執政官）選挙では、アントニウスはカティリナと組んだ。

6）ルキウス・セルギウス・カティリナ。独裁者スッラの支持者だった。4年前にはプラエトル（法務官）をつとめた。それ以前は、北アフリカで知事の職にあったが、汚職で悪名高かった。

7）元老院議員に次ぐ、第2の階層の人々。さまざまに異なる人々からなるグループで、通常は政治より金に関心がある。しかし、金儲《もう》けを可能にする安定と自由がおびやかされると感じたときには、選挙で影響力を行使する。キケロ自身もこの階級の出身だったので、彼らの支援に頼るところが大きかった。英訳では「business community」。ラテン語では「equites」。

8）先祖にコンスル（執政官）の経験者のいない者。このような一族の出身者がもっと低い政務官の職に就くことはしばしばあったが、コンスル（執政官）になることはめったになかった。ラテン語では「novus homo」で、英語では「new man」。

9）職業組合の場合もあるが、社交クラブや、政治組織の場合もある。絶大な非公式の権力を持っており、時には自集団の利益を守るために暴力を使うこともあった。ラテン語では「collegia」。

10）ラテン語ではオプティマテス。何よりも現状維持を、特に、元老院の権力と特権の存続を望む者たち。

2000年前からローマの哲人は知っていた　選ばれる方法　**目次**

第2巻 「友人」を増やす

第3巻 「隠れた敵」をかわす

第4巻 「一般大衆」を味方にする

プロローグ　古代ローマの選挙

ローマで政治家になるための、長く細い道

キケロ兄弟の生きた時代のローマは巨大な帝国だったが[11]、テベレ川沿いの七つの丘に囲まれた小さな町だった時代と変わらない方法で統治されていた。**政治はきわめて個人的におこなわれており、ローマ市内のいくつかの有力な一族が支配し、町の中心部にある広場フォロ・ロマーノ[12]（かつては沼地だった）がその主な舞台となっていた。**

ローマ市民は地中海周辺に散らばって生活していたが、当時は不在者投票などというものはなかった。候補者たちもローマ市内とその周辺の町だけで選挙運動をおこなっていた。

コンスル（執政官）の地位をめざすローマ市民は、義務となっていた兵役をつとめた後、まずは「クルスス・ホノルム」（「名誉の道」という意味）と呼ばれる、コンスル（執政官）の下の一連の公職に選ばれる必要があった。

この長い道のりの第一歩が、毎年選出され、財務の管理など、統治の日常の任務にあたるクァエストル（財務官）の1人に、30歳前後で選ばれることだった。

その次がプラエトル（法務官）で、法廷の運営などの任務にあたり、この職の次にはローマの属州を統治するため、外国に赴任することもあった。**最終的な目標であるコンスル（執政官）の選挙に立候補する者はほんの数人**だった。

毎年選ばれる2人のコンスル（執政官）は、共和国において絶大な執行権を有しており、民事にも軍事にも責任を負っていた。

コンスル（執政官）選出のための選挙は、きわめて排他的で、ローマの貴族たちは

11）ローマは帝政に移行する以前から、地中海周辺の広い領域を統治する国家になっていたので、ローマ史では「帝国」という表現をすることがある。

12）一般に、ローマのあらゆる都市の中心にある、市の開かれる広場をさす。フォルム・ロマヌムは、ローマの政治と商業の中心だった。日本では普通、イタリア語の「フォロ・ロマーノ」の名で呼ばれている。英訳では「forum」。

できる限り、自分たち貴族以外の者には立候補させないようにしていた。

共和国の最高位の行政官であるコンスル（執政官）**になれば、子孫に至るまで、貴族の地位を与えられる**からだ。

階級格差、賄賂の蔓延《まんえん》……ローマの選挙の実態

ローマ人は、ギリシアの「1人1票」の考え方を衆愚政治につながるものと考えて軽蔑していた。ローマでも、成人男性は全員、投票できたが、投票は複雑なグループ制によっておこなわれていた。

個人は自分の属するグループがどのような投票をするかの決定に参加したが、民会で1票を投じるのはグループだった。

これらのグループは軍隊に起源を持つものもあったし（ケントゥリア民会／百人隊）[13]、部族に起源を持つものもあったが（トリブス民会／市民会）[13]、キケロの時代には、それらは財産にもとづいた階級制に変化していた。

最も裕福な市民たちは、人数がはるかに多い下の階級の人々に比べて、不均衡に大

きい権力を持っていた。**あまり裕福ではない市民の投票の順番がくる前に、裕福な市民による投票で、すでに当選者が決まっていることもよくあった。**

また、この投票制度は、ローマ市内や、ローマのすぐ近くに住む人々に有利だった。投票は本人が直接投票所に行っておこなわれたからだ。ローマから離れたところに住んでいる、つつましい収入の農民や商人が投票に行くことはあまり考えられないことだった。

それでも、首都ローマに住んでいる人や、投票のためにローマまで行ける人にとっては、コンスル（執政官）を選ぶ投票制度は秩序だっていて、通常の場合はまず公正なものだといえた。賄賂は蔓延していたし、時には、選挙運動中に暴力が振るわれることもありはしたのだが。

市民は朝早くから、近くのカンプス・マルティウス（都市の中心にある公共の広場）に

13）ローマ市民が選挙の際に投票をおこなうグループの単位。

集まり、候補者の最終演説を聞いた。それから、ケントゥリア民会（百人隊）ごとに分かれて、ロープで仕切られた区域に入り、投票をおこなった。

投票は秘密投票でおこなわれる。各自が選んだ候補者の名前をワックスを塗った木製の小さな板に書き記し、枝を編んで作られた籠《かご》にその板を入れることになっていた。

それぞれのグループの投票結果は、すぐに表にして発表される。この方式によって最初に過半数を獲得した候補者が勝者と宣言される。投票で第2位になった候補者は次席コンスル（次席執政官）に任命される。

1月1日の就任式で、上席コンスル（上席執政官）は、権威を表すファスケスと呼ばれる棒を手にとった。ファスケスは、細い棒を束ねて、権威を象徴する斧《おの》を上部にとりつけたものだ。

そして、**それから1年間にわたって、当時のローマ人が知る限りの世界のほとんどに勢力をおよぼしていたローマ共和国を統治し、比類ない権力と名声を享受することになる。**

さて、読者の皆さんは、このコンスル（執政官）選挙の結果がどうなったのか、知りたいと思っていることだろう。

マルクスは形勢を逆転して、選挙戦に勝ったのだろうか？

クィントゥスのアドバイスは役に立ったのだろうか？

選挙の後、キケロ兄弟の運命はどうなったのだろうか？

どうぞ、先まで読んでほしい。それは、手紙の後に書いてある。

「自分」を知る

第1巻

我が兄マルクスへ

生まれつきの才能、経験、そして精いっぱいの努力によって身につけることのできるスキルを、兄さんはもう、すべて持っていると思う。でも、わたしが兄弟としての愛情から、兄さんのこれからの選挙戦について昼も夜も考えてきたことを、ぜひ聞いてほしい。

兄さんにはわたしの助言が必要なはずだという意味ではない。だが、何しろ、選挙というものはあまりにも混沌《こんとん》としているから、一度、すべての要素をまとめて、きちんと論理的に考えてみるのがいいと思うのだ。

自分の強みを知る

ローマという都市はどんな都市なのか、自分がなろうとするコンスル（執政官）という地位がどんな地位なのか、自分はどういう人間なのか、常にわきまえておく必要がある。

毎日フォルム（広場）に行くときは、いつも自分に言い聞かせよう。**「わたしはよそ者（アウトサイダー）だ。わたしはコンスル（執政官）になりたい。ここはローマだ」**と。

あなたをよそ者だと批判する者がいても、あなたはすでによく知られた雄弁家だから、そんな批判は簡単にやわらげることができるはずだ。なんといっても、雄弁術は高く評価されるのだから。

あなたはこれまで、法廷で前任のコンスル（執政官）たちの弁護に成功してきた。だから、当然、コンスル（執政官）になる資格がある。

あなたには卓越したコミュニケーション能力があり、それゆえにすばらしい評判も得ている。だから、人に話をする機会を逃してはいけない。いつでも、今、このときに自分の未来がかかっているという気持ちで話をするべきだ。

自分がどんな強みを持っているか、把握しておくことが必要だ。

デメトリウスがアテナイの政治家デモステネス[14]の学問と活動について記したものを

14）古代ギリシアで最も偉大な弁論家（紀元前３８４年～紀元前３２２年）。少年時代は貧しく、発話障害もあったが、克服して、権力の座に就いた。マルクス・キケロにとって、デモステネスは英雄であり、手本だった。

読んでみたまえ。アウトサイダーでありながら、あなたほど数多く多様な支持者を持っている人はめったにいないことをよく考えてほしい。

味方を見きわめる

公共事業の契約を持つ者[15]はすべてあなたの味方だし、財界のほとんどもあなたの味方だ。イタリア各地の町も皆、あなたを支持している。法廷で弁護して助けてやった人たち、多様な社会的背景を持つ依頼人たちのことを忘れてはいけない。それから、もちろん、あなたを応援している特定利益集団のこともだ。

それから、いつもあなたのそばにいる忠実な友人たち[16]だけでなく、あなたを崇拝し、あなたから学ぼうと望んでいる若者たちをうまく利用することだ。

これらのグループの人々に有益なアドバイスを提供し、彼らからも助言を求めて、その好意をつなぎ留めよう。

今こそ、以前に与えた親切のお返しを求めるときだ。あなたに借りがあること、その借りは選挙での支持で返すべきだということを思い出してもらおう。思い出させるチャンスがあったら、絶対にそのチャンスを逃さないように。

あなたに何も借りがない人たちに対しては、**今あなたを助けてくれれば、あなたのほうが彼らに借りができるということに気づかせよう。**

貴族の支援を受けることができれば、アウトサイダーであるあなたにとって大きな助けになる。特に、コンスル（執政官）経験者たちだ。あなたは彼らの仲間に入りたいと思っているわけだから、あなたにはその価値があると彼らに思ってもらうことが重要だ。

長いものには巻かれよ

特権階級の人たちと親密な関係を築くよう、常に努力しないといけない。あなたも、あなたの友人たちも、自分たちがこれまでも、これからも、ずっと保守主義者で

15）公共事業の契約を結んでいる者を、「プブリカニ（publicani）」と呼んだ。彼らは商人であって、税の徴収を含む公共事業の契約を得るため、入札に参加した。非常に裕福になり、ローマ共和国内で大きな権力を得た。

16）広い意味を持つ語で、共通の利害のある政治的な同盟者をさす場合もあれば、真の友人をさす場合もある。ラテン語では「amici」。

あると、彼らに信じさせなければならない。

彼らがあなたのことを、大衆の人気を獲得したがるポピュリストだなどと思うことのないようにしなければならない。

どんな問題であれ、あなたが民衆の側についているように見えるとすれば、それはポンペイウスに気に入ってもらうためにしかたのないことだったのだ、と彼らには言っておこう。ポンペイウスには自分のために影響力を行使してもらいたかった、少なくとも、自分に不利になるような動きをしてほしくなかっただけだ、と言っておけば良い。

貴族の家庭の若者たちを味方にして、そのまま、彼らを離さないようにしよう。**彼らがいれば、あなたの見栄えが良くなる**のだから、彼らはとても役に立つ。

あなたにはすでにこのグループに属する支持者がたくさんいる。あなたが彼らをどれだけ大切に思っているか、わからせるようにしよう。このグループの人たちをさらに多く味方につけることができれば、それに越したことはない。

自分を妬む人の存在を忘れない

兄さんには能力があるということ、だから、アウトサイダーという立場を克服することができるはずだということはもう話した。だから、これから、選挙戦をどう戦うべきか、詳しく話すことにしよう。

あなたがコンスル（執政官）になることを望み、その任務を果たす能力を持っていることは、誰もが認めている。だが、あなたに嫉妬している人がたくさんいる。あなたは貴族の一員ではないが、ローマで最高の位をめざしている。コンスル（執政官）をつとめることによって、兄さんにはとてつもない栄誉が与えられるだろう。ましてや、あなたはほかの人たちとは違って、勇気があり、雄弁の術にも優れ、スキャンダルもまったくない人なのだから。

17）ラテン語ではポプラレス。民衆の集会を利用して、法案を通し、大衆の支持を得ようとする政治家。ポプラレスと保守主義者であるオプティマテスとの違いは、主に手段の違いであり、政治思想の違いではなかった。どちらも、なによりも権力を求めていた点では違いがない。

コンスル（執政官）になることで、どれほどの栄光がもたらされるか、これまでにコンスル（執政官）をつとめた人たちは、よくわかっている。

先祖がコンスル（執政官）だったが、自分自身はその地位を手に入れていない人たちはあなたに嫉妬するだろう。彼らがすでにあなたの良き友人になっている場合は別だろうが。

アウトサイダーでありながら、あなたより先にプラエトル（法務官）の地位にのぼり、だが、まだ、コンスル（執政官）にはなれない人たちも、あなたに激しく嫉妬するだろう。あなたにおおいに恩を感じている人たちなら、別だろうが。

あなたを見下している人がたくさんいることは、わたしもよく知っている。

ここ数年の混乱のせいで、アウトサイダーをコンスル（執政官）に選ぶというリスクを冒したくないと考える人たちも多い。

あなたがこれまで法廷で弁護してきた依頼人たちのせいで、あなたに怒っている人たちもいる。それに、あなたの良き友であるはずの人たちにも注意したほうがいい。

彼らのなかにも、あなたが熱心にポンペイウスを支持していたことを、心の底では怒っている人たちもいるだろう。

あなたはローマで最も重要な地位をめざしており、隠れた敵はあまりにも多い。だから、率直に言っておこう。**どんな間違いも許されない。**

このうえなく思慮深く、勤勉に、注意深く、完ぺきに選挙運動をおこなわなくてはならない。

「友人」を増やす

第2巻

ここまでは選挙戦にのぞむにあたっての基本姿勢が語られてきた。ここからは、選挙戦を勝ち抜くために重要な、「友人」との接し方についてクィントゥスは書いている。

ただしここでいう「友人」とは、普段われわれが接する「友人」よりもずっと広い意味での「友人」のようだ。

自分に好意を示してくれる人すべてが「友人」

選挙戦は、2種類の活動に分けられる。ひとつは友人たちの支持を固めること。もうひとつは、一般市民の支持を勝ち取ることだ。

友人たちに対しては、親切にし、利益を与えてやり、古い関係を大切にし、都合をつけて会ってやり、生まれつきの魅力を発揮すれば、彼らはあなたに対して、さらに好意を持ってくれるだろう。

しかし、**選挙においては、友情というものを、普段の生活よりももっと広い意味で考えなければならない。**候補者にとっては、自分に好意を示す人、自分と一緒に行動したがる人すべてが友人だ。

だが、古い意味での友人たちも大事にしなくてはならない。つまり、家族のつながりや、社会的な関係を通じて知り合った人たちのことだ。こういう人たちとの友情も、今後も大事にしていかなくてはならない。

身近な人ほど、絶対にないがしろにしてはいけない

家族など、自分の近くにいる人たちをないがしろにしてはいけない。彼らが全員、あなたの味方であり、あなたの成功を望んでいなくてはならない。

ここでいう近くにいる人たちというのは、同じ部族の人たち、近所の人たち、顧客たち、元奴隷たち、それに召使いたちも含まれる。

人を破滅させるような噂は、たいていの場合、家族や友人から始まって、世間に広がるものだからだ。

優れた評判を持つ人とのつながりは、あなたの評判をも良くする

幅広いバックグラウンドを持つ支持者を味方につけるよう、たゆまぬ努力を続けよう。

なかでも、最も重要なのは、優れた評判を持つ人々だ。たとえ、彼らが積極的にあなたを支援してくれなくても、彼らとつながりがあるというだけで、その事実があなたに威厳を与えてくれるだろう。

マジストラトゥス（政務官）経験者たちを味方につけるよう、努力しよう。コンスル（執政官）経験者だけでなく、トリブヌス・プレビス（護民官）[18]だった人たちもだ。そうすれば、**あなたはコンスル（執政官）にふさわしい人に見える**だろう。

ケントゥリア民会や、トリブス民会に大きな影響力を持つ人なら、誰とでも友だちになっておいたほうがいい。彼らをずっと自分の味方にしておくのだ。

近年では、野心のある人たちは皆、自分の部族に影響力を持つ人間になろうとがんばっている。そういう人たちから、誠実で熱心な支持を受けられるよう、あらゆる努力を惜しんではならない。

今まで助けてきた人には、借りを返してもらう

人々があなたに感謝しているなら――もちろん、感謝しているに違いない――、

18）平民の命と財産とを守ることを職務とする執政官。政務官や元老院による決定を、「veto（わたしは禁止する）」という一言で取り消すことができた。

きっと何もかもうまくいく。

ここ2年ほど、兄さんは4つの重要な団体の支持を得るべく、努力してきた。それぞれ、ガイウス・フンダニウス、クィントゥス・ガリウス、ガイウス・コルネリウス[19]、そして、ガイウス・オルチヴィウスが組織している団体だ。

選挙の勝利のためには、彼らの全員が非常に重要だ。この4人が、自分たちの利益を代表してもらうべく、あなたとどんな取り決めをしたか、わたしもよく知っている。わたしも、その会合に出席したのだからね。

さあ、今こそ、彼らに対する恩を強調しておくべきだ。頻繁に要求し、請け合い、激励し、勧告することによって。

将来においても、あなたから優遇されたいのなら、彼らがあなたに負っている政治的な借りを今こそ返すべきだとわからせよう。

忘れてはいけない。あなたがこれまで法廷で利益を守ってやった人たちも、あなたに借りがある。

あなたに借りのある人たち、一人ひとりに、今、あなたが彼らから何を望んでいるか、はっきり理解してもらおう。**あなたがこれまで、彼らに何も要求したことがないこと、そして今こそ、彼らから借りを返してもらうときだということ**に気づいてもらおう。

利益、希望、個人的つながり

選挙で票を保証してくれるものには、3つある。**利益、希望、そして個人的なつながりだ。**これらのインセンティブを、それぞれ、正しい人々に与えるようにしなくてはならない。

浮動層の投票者を味方につけるには、ごく小さな利益を提供するだけで良い。あなたがこれまでおおいに助けてきた人たちなら、なおさらのことだ。彼らには、今、彼らがあなたを支持しなければ、彼らは世間からの尊敬を失うことになるとわか

19）紀元前67年にトリブヌス（護民官）をつとめ、元老院の権力を制限する法を制定した。紀元前65年に告発されたが、マルクス・キケロがその弁護をつとめて救った。

らせなくてはならない。
彼らの一人ひとりに直接会って、今回の選挙であなたを支援すれば、あなたのほうが彼らに借りができるのだと話すのが良い。

あなたが希望を与えてきた人たちは、あなたの熱心で献身的な支持者のグループだ。彼らに対しては、あなたにはいつも彼らを助ける用意があると思わせなくてはならない。

彼らの忠誠にいつも感謝していること、彼らがあなたのために何をしてくれているか、あなたがいつもちゃんとわかっていて、とても感謝していることを伝えよう。

3つめの支持者たちとは、自分があなたと親しいと信じているからこそ、あなたに対して好意を持っている人たちだ。
それぞれの状況に合わせたメッセージを送り、彼らの好意に対するお返しとして、**こちらからもおおいに好意を示すことによって、彼らに希望を与え続けよう。**

彼らが選挙戦で力を貸してくれればくれるほど、彼らとあなたとのつながりは強くなることを示そう。

以上、3つのグループのそれぞれに、選挙戦でどんな役割を果たしてもらうかを決めて、それに従って、それぞれのグループに注意を払うようにしよう。彼らにどれだけのことを期待できるのかも考慮しながら。

重要人物を見きわめる

どの地区にも、どの町にも、権力を振るっている重要人物がいる。彼らは勤勉で、裕福な人たちだ。

彼らが、これまでは、あなたを支持していなかったとしても、あなたに借りができたと思わせるか、あるいは、彼らにとってあなたは役に立つと思わせることができれば、こちらの味方につけることができる。

こういう人たちと関係を築くときは、あなたが彼らに何を期待できるか、彼らがあなたのために何をしてくれたか、あなたがちゃんとわかっていて、**彼らのやってくれ**

たことをあなたが忘れていないということを、彼らにもはっきりわかってもらおう。

だが、一見、重要人物のように見えても、実はなんの実力も持っていなくて、そのグループのなかで嫌われている者もいるから、そういう人たちは、はっきり区別しなくてはならない。

いかなる団体の場合であっても、役に立つ人と役に立たない人を区別できれば、自分にとってほとんど役に立たない人たちのために、貴重な時間とリソースを割くような間違いをやらないですむ。

以前から知っていて、信頼できるようになっている友人たちはおおいに役に立ってくれるだろうし、コンスル（執政官）になるチャンスを高めてくれるだろうが、選挙運動中に知り合う新しい友人たちも非常に役に立つ。

立候補して選挙運動をおこなうことは、確かにとても疲れることだが、いい点もある。それは、**普段の生活であれば、知り合うことのないような、いろいろなタイプの人たちと知り合い、友人になれる**ということだ。

選挙運動中にそういう人たちと友人になることは、まったく立派なことなのだ。その機会を生かさなかったら、むしろ、馬鹿者だと思われるだろう。

だから、ちゃんとした人であれば話しかけないような人たちとでも、自分から進んで、恥ずかしいことだと思わずに、どんどん友だちになればいい。


直接話してもいない人が、味方になるはずがない

断言しておこう。熱心に働きかけ、適切な利益を与えれば、よほど熱心にほかの候補者を支持している人は別として、あなたの味方にできない人など、1人もいない。

だが、それがうまくいくのは、その人がこう思えるときだけだ。**あなたが彼の支持をありがたく思っていて、あなたが誠実な人であり、あなたが自分のために何かしてくれると思えるとき、この友情は投票日の後も続くものだと思えるとき**だ。

信じてほしい。少しでも脳みそのある人間ならば、あなたと友だちになるチャンスを見逃すはずはない。まして、あなたの競争相手たちは、誰も友だちになどなりたくないような者たちなのだから。

あなたの敵たちは、あなたのように、わたしからの助言を聞ける機会はないし、まして、その助言に従うこともできないのだ。
アントニウスを見るがいい。彼のような男は、人と友だちになることができるはずがない。人の名前を覚えることすら、できないんだから。

自分が知りもしない人が、自分のことを支持してくれるだろうなどと考える候補者がいるとしたら、それほど愚かなことはない。

わざわざ時間を作って投票者に話しかけることもせずに、彼らを味方につけようというなら、それには、奇跡のような能力、名声、功績が必要だろう。
支持者のために働く気もない、知性もない、評判も悪い、友だちもいない、怠惰な悪党が、多くの人々に支援され、皆から称賛されている人に勝つなどということは、よほど何か、とんでもないことが起きない限りは、不可能なことだ。

味方にするべきは、若くて熱心な人たち

だから、多様な人々と友だちになって、すべての投票者の支持を獲得するよう、が

んばろう。

そこにはもちろん、元老院議員が含まれるし、ローマの商人たち、あらゆる階級の重要人物たちが含まれる。広場によく行く多くの解放奴隷もそうだし、ローマには、影響力を持つ人たちが本当にたくさんいる。

自分で直接働きかけるのでも、友人をとおしてでもいい。できるだけ、そういう人たちに働きかけ、あなたの主張を理解してもらおう。**彼らに話しかけよう。あるいは、あなたの支持者を彼らの下に派遣してもいい。**とにかく、あなたにとって、彼らは重要なのだということを示すためなら、なんでもしよう。

その次にすることは、特定利益集団、町内の組織[20]、近郊の組織に注意を向けること

20）組合を意味する「コレージャ（collegia）」と同様に、社会的、宗教的なグループを表す言葉だが、選挙の際に当選させたい候補者を応援するために暴力も振るう、選挙ギャングの集団を意味する場合もある。ラテン語は「sodalitates」であり、英訳は「organizations」。

だ。**それらの集団のリーダーを、あなたの友人にすることができれば、残りの人たちも皆、ついてくる。**

その次には、あなたの努力と思いをイタリアの町々に向けよう。そうすれば、それぞれの町が、どの部族に属しているか、わかるだろう。イタリアのあらゆる植民地、村、農場に、必ず足場を築こう。

商人たちや、やや裕福な市民たちを代表するケントゥリア民会（百人隊）には、特別な配慮をしたほうがいい。

これらのグループの中心的な人たちと知り合いになろう。それは簡単なことのはずだ。彼らの人数は、それほど多くないのだから。

彼らのほとんどは若い人たちだ。だから、自分の考えにこだわるようになった人たちに比べて、味方につけるのは簡単なはずだ。それができれば、ローマでも最良で、最も優れた人たちがあなたの味方になる。

その努力は、あなた自身が彼らの1人であるという事実によって、かなり容易になるだろう。彼らのリーダーたちと友だちになり、これらのグループ全体の利益にかなうようにすることで、この投票者層を確保しさえすればいいのだから。

そういう熱心でエネルギーにあふれる若い人たちが、あなたの味方になって、投票者の間で運動し、支持者を獲得し、ニュースを広め、あなたの評判を良くしてくれれば、選挙運動にとって大きな助けになるだろう。

本当の味方を作るには、本当の友だちになること

あらゆる場所で、あなたの代わりをつとめてくれる人を探し出そう。**まるで、彼ら自身がコンスル（執政官）に立候補しているかのように、あなたの代理をつとめてくれる人たち**だ。

彼らの家を訪ね、話をし、彼らのことをよく知ろう。彼らにわかる言葉で話しながら、彼らのあなたへの忠誠心を強めるために一番うまくいく方法を見つけよう。あなたが彼らの友だちになりたがっているとわかれば、彼らもきっと、あなたの友だちになりたいと思うはずだ。

小さな町の人たち、田舎の人たちは、あなたがわざわざ彼らの名前を覚えれば、きっとあなたの友だちになりたいと思うはずだ。だが、彼らだって、馬鹿ではない。**彼らがあなたを支持してくれるのは、そうすれば、彼らも得るものがあると思ったときだけだ。**そう思ったら、彼らはあなたと友だちになれるチャンスを絶対に逃さないだろう。

ほかの人たち、特にあなたの競争相手は、わざわざ、こういう人たちと友だちになるための努力をしない。だから、あなたがわざわざ、時間をとってあげれば、彼らはあなたの友として、協力者として、ますます、貴重な存在になるだろう。

だが、どんな階級の人たちが相手であれ、**あなたがただ、彼らを名前で呼び、表面的な友情を育むだけでは、不十分だ。あなたは、本当に、彼らの友だちにならなくてはいけない。**

どんな団体のリーダーも、あなたが本当に彼らの友だちだと思えたら、あなたのために熱心に働くように、自分の団体のメンバーに呼びかけるだろう。あなたを支援すれば、自分たちにも当然、利益があるはずだと思えるからだ。

このように、町々で、各区域で、諸部族で、そのほか、多くの団体で、あなたを支持している人たちが、手を携えて、あなたのために動いてくれるなら、あなたは本当に希望を持っていられるだろう。

「自分は特別な友だちだ」と思わせる

あなたは普段から、多様な人々を自分のまわりに集めておくべきだ。**投票者たちは、あなたが自分のまわりにどんな人々を従えているかによって、あなたがどういう人間か、判断するだろう。**彼らは、あなたが従えている人たちの質も、人数も、気にかけている。

あなたの信奉者には3種類ある。あなたの自宅を訪ねる人たち、あなたが広場に赴くときについていく人たち、それから、あなたがどこに行くときであれ、あなたと同行する人たちだ。

第1の種類の信奉者は最もあてにならない。彼らは、1人のみならず、複数の候補者の自宅を訪問するからだ。それでも、彼らに対しては、訪問してくれてうれしいという態度をとらなくてはならない。

彼らを見かけたときにはいつでも、**訪問してくれてうれしかったと口に出して言おう。**彼らの友人に会ったときも、彼らが訪問したことに気づいていることを伝えよう。その友人はきっと、あなたの言葉を彼らに伝えるからだ。

彼らがもし、複数の候補者の家を訪問しているとしても、彼らに特別に注目していることを示せば、彼らを自分の確かな支持者にすることができる。

自宅を訪問した人たちのうちの誰かが、どうやら、見かけほど自分を本気で支持しているわけではないらしいと疑いを持ったり、あるいはそのように人から聞いたりしたとしても、そんなことには気づいていない振りをしよう。

そういう非難は濡《ぬ》れ衣《ぎぬ》だと彼が説明しようとしたら、**彼の誠実さを疑ったことなどない、今後も絶対に疑わない、と断言しよう。**あなたが彼を友人として信頼していると彼に信じさせることができれば、彼が本物の友人になるチャンスが高まる。

とはいえ、あなたに対する好意を口に出して言う人をすべて信用するのは愚かというものだ。

あなたが広場に行くときについてくる人たちには、毎朝家に来る人たちよりも、むしろ彼らのほうに感謝していることをわからせよう。

広場には、毎日、同じ時間に行くのが良い。そうすれば、大勢の人があなたについてくるだろう。それを見た人は、おおいに感心するに違いない。


日中、あなたと一緒にいる人たちについてだが、自分の意思で来ている人たちに対しては、**彼らが自分と一緒にいてくれて、あなたがどれほど感謝しているか**を伝えるようにしよう。

あなたに義理があって従っている人たちに対しては、歳《とし》をとり過ぎているとか、どうしても大事な用事があるなどの場合はしかたがないとしても、それ以外の日には、必ず毎日来てくれるよう、要求しよう。どうしても来られないなら、親戚の者を代理として寄こしてもらうようにしよう。

あなたのまわりに、常に、献身的な信奉者が大勢いることが非常に重要なのだ。あなたに義理のある人たちのなかには、あなたがこれまで法廷で弁護して助けてやった人たちもいる。あなたは彼らの財産を守ってやったり、評判を守ってやったり、命を守ってやったりしたことさえある。

だから、**遠慮せずに、自分のそばにいて支援するよう、要求していい。**彼らにとって、これはまたとない機会なのだから、今、あなたのそばにいることで、自分の借りを返すべきなのだ。

「隠れた敵」をかわす

第3巻

ここでは、自分を良く思っていない人や、ライバルと接するときの心構えについて述べている。

特にマルクス・キケロのライバルとなる2人の候補者については、彼らのあまりに残虐な行いに、クィントゥスも少々乱暴な言葉を使ってこきおろしている。

ここまで、友情というテーマについて、たくさん書いてきたから、この辺で、警告も発しておくべきだろう。

政治というものは、偽りと、欺瞞《ぎまん》と、裏切りに満ちている。真の友と偽りの友をどう見分けるかについて、長い議論を始めるつもりはないが、ここで、ごく単純な助言をしておきたい。

過去には、あなたの人柄がいいものだから、本当はあなたに対して嫉妬しているくせに、友だちの振りをしている人たちがいた。

だから、ギリシアの劇作家・哲学者エピカルモス[21]の言葉を思い出してほしい。**「あまり容易に人を信用するな」**という言葉だ。

誰が自分の真の友か、わかったら、次に、自分の敵のことも考えてみよう。

21）紀元前5世紀ごろのギリシアの劇作家。

敵にさえ博愛精神を示せ

あなたの前に立ちふさがる敵には、3種類ある。まず、あなたがこれまでに傷つけた人たち、それから、なんの理由もないのに、あなたを嫌っている人たち、そして、あなたの敵の親しい友人たちだ。

あなたがこれまでに傷つけた人たち、つまり、あなたが自分の友人を助けるために敵対した人たちに対しては、**腰を低くして、申し訳なさそうにしているのが良い。**あのときは、自分の友人を守るためにそうしていただけであり、もし、彼らが自分の友であったなら、彼らのためにもやっぱり、同じことをしただろうということを、わかってもらおう。

なんの理由もなく、あなたを嫌っている人たちに対しては、親切にするとか、なんらかの利益を与えてやるとか、彼らに対する配慮を示したりすることによって、味方につけるようにしよう。

最後のグループ、つまり、あなたの競争相手の友人たちに対しても、同じテクニックを使うことができる。**自分の敵である彼らに対してさえも、博愛精神を示せば良いのだ。**

2人のライバル

アウトサイダーであるあなたにとって、もうひとつ、有利な点は、**今回の競争相手である貴族階級出身の候補者たちの出来が悪いこと**だ。

彼らは高貴な生まれではあるが、だからといって、生まれつきの才能を持っているあなたよりも、彼らのほうがコンスル（執政官）にふさわしいなどと言う人はいないだろう。

プブリウス・ガルバや、ルキウス・カッシウスのような哀れなやつらが、たとえ、最高の家柄の出身だからといっても、ローマで最高の地位をめざすなどとは、誰も思いもしないだろう。

彼らのような気高い生まれであっても、あなたと互角ではないのはわかり切ったことだ。彼らには、そもそもその意欲もないのだし。

それでも、ほかの候補者たち、**アントニウス**と**カティリナ**はどうだ、とあなたは言うかもしれない。本当に、彼らは危険な競争相手だろうか？

確かに、ほかの競争相手にとってはそうかもしれないが、あなたのようにエネルギーに満ちていて、勤勉で、スキャンダルもなくて、雄弁で、権力の座にある人たちからも好かれている候補者にとっては、彼らは危険でもなんでもない。

むしろ、**競争相手が彼らのような人たちで幸運だと思うべきだ。**あの2人は、少年時代から乱暴者だし、今だって、悪名高い女たらしで浪費家だ。

恥知らずの男

アントニウスのことを考えてみたまえ。借金で財産を差し押さえられ、その後、ローマで誓約したうえで、公正な裁判でギリシア人と争うことさえできないと宣告された。彼が検閲官たちの念入りな調査によって、元老院から追放されたことも覚えているだろう。

プラエトル（法務官）に立候補したときには、彼を支持したのはサビディウスとパンテラだけだったことも忘れてはいけない。プラエトル（法務官）に選ばれた後、彼は堂々と奴隷市場に行って、若い娘を性奴隷として買ってくるという、恥知らずな行いをした。

それればかりではない。前回、コンスル（執政官）に立候補したときには、ローマにいて投票者たちと顔を合わせることもせず、外国に旅して宿屋の主人から泥棒していたことを忘れることのできる人はいないだろう。

法律すら恐れない男

カティリナはどうだろう。**神々にかけて、彼には自慢できることがあるだろうか？** 血筋はアントニウスほどは良くない。だが、アントニウスより度胸があることは確かだ。アントニウスは自分の影を見ただけでも震えあがるが、**カティリナは怖いもの知らずだ。法律さえも恐れない。**

カティリナは貧しい家に生まれ、みずからの姉妹と淫欲にふけりながら育った。初めて血を流したのは、スッラ[22]の子分として、ローマの市民や商人たちを殺したときだ。カティリナが、ティティニイ、ナンニイ、タヌシイの首を斬り落としたガリアの暗殺集団を任されたことはあなたも覚えているだろう。

彼は自分の義理の兄弟のクィントゥス・カエキリウスをも殺している。親切で歳老いたローマの商人で、政治にはまったく関心のない人だったのに。

今回の選挙における最大の競争相手カティリナは、ローマの人々に大変人気のあった、哀れなマルクス・マリウス[23]を、棍棒《こんぼう》で打ちのめした。

悪党カティリナは街の通りの皆の見ている前で、マルクス・マリウスを追いかけまわし、ある墓まで追いつめると、残虐に痛めつけた。

そして、左手でマルクス・マリウスの髪の毛をつかむと、まだ生きているというのに、右手で彼の首を斬り落とし、自分の指の間から血をしたたらせながら、その首を持ち去った。

カティリナはその後、俳優たちと友だちになり、さらに——信じられないことだが

——剣闘士たちとも友だち付き合いをするようになった。俳優たちとは淫欲を楽しみ、みずからの犯罪に剣闘士たちを殺し屋として雇った。

聖なる神殿のそばを通りかかったときには、必ず神殿を冒瀆《ぼうとく》した。たとえ、同行の者たちが、そこまでひどいことはできない、と言ったとしてもだ。

カティリナは最低の人間たちを友としていた。元老院ではキュリウスとアンニウス、競売場ではサパラとカルヴィリウス、財界ではポンピリウスとヴェッティウスといった連中だ。

カティリナはあまりにも図々《ずうずう》しく、あまりにも不道徳で、淫《みだ》らなことをするのが得意だった。まだ両親の膝に乗っているほど幼い少年たちに平気でわいせつなことをしたほどだ。

彼がアフリカでどんなことをしたか、改めて話して聞かせなくても、あなたも知っ

22）ルキウス・コルネリウス・スッラ（紀元前138年～紀元前78年）。ローマのディクタトル（独裁官）で、プロスクリプティオ（国家の敵）の名簿を作成し、名簿に載った者を殺すことを合法化した。

23）有名な将軍ガイウス・マリウスの甥《おい》。紀元前87年のプラエトル（法務官）で、貨幣制度の改革案を発表した。平民の間で人気があったが、ガイウス・マリウスの宿敵だったクィントゥス・ルタティウス・カトゥルスの墓の前で、妻の兄弟であるカティリナによって殺された。

ているだろう。すべては起訴状に書いてある。一度、ゆっくり読んでみたほうがい
い。

カティリナが裁判のたびに、たくさんの賄賂を使ったことも言っておかなくてはならない。あまりにも多くの賄賂を払ったので、裁判が終わったときの彼は、裁判の前の裁判官たちと同じくらい貧乏になっていたほどだ。

カティリナはほとんど毎日のように、新たな裁判に召喚されている。何をやらかすか、想像もできない男なので、**彼がいざこざを起こしているときよりも、何もしていないときのほうが、みんなが怖がっているくらいだ。**

かつてコンスルの地位にのぼりつめた男

ガイウス・コエリウス[24]もあなたと同じようにアウトサイダーだったが、今のあなたのほうが、**彼よりずっとコンスル（執政官）に選ばれるチャンスは大きい。**

30年前、ガイウス・コエリウスは今のあなたの場合とはまったく違うタイプの2人

の競争相手に直面していた。その2人は実に高貴な生まれだったが、それ以上にすばらしい資質を持った人たちだった。

彼らは高潔で知性があり、謙虚さを備えているのも好ましかった。ローマのために多くの特筆すべき功績も成し遂げていた。2人とも、選挙戦には完ぺきなスキルと注意深さで望んでいた。

それでも、コエリウスは2人のうちの1人を負かして、コンスル（執政官）の座の1つを勝ち取った。コエリウスは生まれでは2人にはるかに劣っていたし、どんな点でも彼らより勝るものはなかったのにもかかわらずだ。


だから、あなたが自分の生まれつきの才能を生かし、これまでの人生で学んできたことのすべてを活用し、そしてなんの失敗もしなければ、アントニウスとカティリナを負かすことは簡単なはずだ。

24）紀元前107年のトリブヌス（護民官）。紀元前94年、彼の一族のなかで初めてのコンスル（執政官）になった。

2人とも、特権階級に生まれたことで有名だというよりは、むしろ、これまでに犯した罪で有名な男たちなのだから。

あの2人をコンスル（執政官）に選ぶことは、共和国に向けられた血まみれの短剣を鞘《さや》から抜くようなものだ。

あんなやつらのために1票を投じるような、見下げはてたローマ市民が1人でもいるとは思えないじゃないか。

「一般大衆」を味方にする

第4巻

政治の世界での友情については、これで十分話したと思う。今度は、一般の投票者たちに、どうしたら、良い印象を与えることができるかについて話していこう。

まずは、彼らが誰か知ることだ。親しみを感じさせること、気前良くふるまうこと、自分を知ってもらうこと、話をする時間を作ること、そして、絶対にあきらめないことだ。

お世辞を言うことを恥じるな

第1に、候補者が自分を覚えていてくれることほど、ごく普通の投票者を感動させることはない。だから、毎日、人の名前と顔を思い出すよう、努力しよう。

兄さん、あなたにはすばらしい長所がたくさんある。だが、足りないところは、これから身につけなければならない。そして、それらの長所も、生まれつき持っていたように、見えなければならない。

あなたはすばらしく行儀がいいし、いつも礼儀正しいが、時に堅苦しく見えるときがある。だから、**何がなんでも、お世辞を言うことを学ばなければならない。それは普段の生活であれば、確かに、恥ずべきことだ。だが、選挙で戦う以上は、絶対に必要なことなのだ。**

人を買収するためにお世辞を言うことは、弁解のしようもない悪いことだ。だが、政治的な理由で友人になるために、相手の機嫌をとることは許される。

なぜなら、候補者というものは、人に会うたびに、その人に合わせなければならないし、必要に応じて表現や話し方を変えなければならない。つまり、カメレオンにならなければいけないからだ。

次の日も、また次の日も、彼らと話すこと

ローマを離れてはいけない！　**根気強いとは、どういうことか。それは、動かないことだ。**絶対にそうしなければならない。選挙運動中は、休暇などない。

ローマにいること、広場にいること、常に投票者たちと話すこと、次の日も、また次の日も、彼らと話すことだ。**選挙運動中に、あなたが自分に対して誠実な配慮をほとんどしてくれなかった、などと言う人があってはならない。**

皆が求める「気前の良さ」

候補者には、気前の良さも求められる。ほとんどの投票者には、直接、関係ないかもしれないとしてもだ。**人々は、あなたが宴会などの場所で友人にやさしいという話を聞きたがる**ものだ。だから、あなたにしろ、あなたの協力者にしろ、各部族のリーダーたちの宴会を頻繁に祝ってやるようにしなければならない。

もうひとつ、気前の良さを示す方法は、昼であっても、夜であっても、いつでも、あなたを必要としている人に会ってやることだ。家のドアは、もちろん、いつも開けておこう。それだけでなく、**あなたの顔の表情も、態度も、オープンにしておかなければならない。顔の表情や、態度は、あなたの心の窓だからだ。**

人々があなたに話しかけているときに、閉鎖的な態度だったり、気が散っていたりすれば、たとえ、家の表のドアにけっして鍵をかけないでいたとしても、なんの役にも立たない。

人々は候補者から、献身を求めているだけではない。**真剣な、気前の良い態度で、**

献身を表してほしいと思っているのだ。

後腐れのない「ノー」の言い方

だから、あなたが何をするときであっても、惜しみなく、熱心にそれをおこなわなければならない。

だが、時には、あなたはもっと難しいこともしなくてはならない。あなたのような善良な人には、特に難しいことだ。**それは、誰かから、何かをしてほしいと頼まれたときに、丁重に「ノー」と言うことだ。**

もちろん、いつでも「イエス」と言っておくというやり方もある。政界の候補者たちはそうする人が多い。

しかし、誰かがあなたに、不可能なことを、たとえば、友人と敵対しろなどということを、頼んできたら、もちろん、名誉のために断らなければならない。

そういうときは、自分がその友人を大切に思っていること、頼んできた人に「ノー」と言うのをとても心苦しく思っていることをよく説明し、別の機会に必ずこの埋め合わせをすると約束するのだ。

率直な真実よりも、丁寧な嘘《うそ》

だが、**「ノー」と言うのは、そのような極端な場合だけにしなくてはならない。**

わたしはこんな話を聞いたことがある。ある男が、何人もの法律家に自分の弁護を頼んだが、その仕事を引き受けた人たちよりも、断った法律家の親切な言葉を喜んだというのだ。

この男の話からもわかるように、**人々は現実よりも、うわべの体裁に心を動かされる。**

だが、わたしにはわかっている。こういうやり方は、あなたのような哲学者プラトン[25]の信奉者にとっては、難しいことだろう。それでも、あなたが公の地位をめざす候補者である以上、これだけは言っておかなくてはならない。

あなたが誰かに「ノー」と言うとき、友人を大切にしなければならないというような、ちゃんとした言い訳を作って話してやれば、相手はあなたに怒りを感じることなく、頼むのをあきらめてくれるだろう。

逆に、忙しくて時間がないとか、もっと大事なことがあるなどと言ったら、彼はきっとあなたを憎むだろう。人々は、あなたから、**率直な断りの言葉を聞くよりも、丁寧な嘘を聞きたいと思っている**のだ。

選挙の達人だったコッタ[26]のことを思い出してみよう。

コッタはこう言ったそうだ。「**わたしは誰に対してでも、どんなことでも約束するだろう。**明らかな義理によって不可能な場合以外は。**しかし、自分の得になる約束だけしか、実行しないだろう**」と。

コッタはめったに人の願いを拒絶することはなかった。彼はこう言った。

「わたしが誰かと何か約束したとしても、結局、その人はわたしの助けを必要としなくなるかもしれない。あるいは、自分のほうも、その人を助けてやるために必要だろうと最初に思ったときよりも、もっと多くの時間を割けるようになるかもしれないか

25）ギリシアの哲学者（紀元前429年〜紀元前347年）。目に見えるものの背後に、もっと真の実在であり、もっと永続的な世界が存在すると考えた。

26）ガイウス・アウレリウス・コッタ。スッラを支持した著名な弁論家で、紀元前75年にコンスル（執政官）になった。

らだ」と。

なんでも約束してしまえ

結局のところ、**政治家が、本当に実行できると確信できる約束しかしなかったら、彼には友だちが1人もいなくなるだろう。**

あなたが予想していなかったことが起きたり、起きるだろうと思っていたことが、実際には起きなかったりする。破られた約束など、変わりゆく状況の雲のなかに消えてしまい、あなたに対する怒りはごく小さなものにすぎなくなるだろう。

あなたが約束を破ったとしても、その結果がどうなるかは未知数だし、損害を受ける人の数は少ない。**だが、もし、あなたが約束することを拒んだら、その結果は明らかで、**より多くの投票者が即座に怒るだろう。

あなたの助けを求める人たちのほとんどは、実際にはあなたの助けなど必要としないだろう。だから、自宅の前に押し寄せた人々の求める約束を拒絶するよりも、広場で数人の要求を断って失望させるほうがまだいい。

人々は、「可能であれば喜んでお助けするのだが」などと言いながら自分の約束を取り消す男に対してよりも、「それはできません」と、はっきり拒絶する男に対して激しく怒るものだ。

一般大衆を味方につけるにはどうしたらいいかというテーマで話し始めたのに、約束の話をしているのは、主題から外れているのではないか、とは思わないでほしい。これは、友人たちの支援と同様に、幅広い投票者の間でのあなたの評判に関わることだからだ。

あなたの友人たちは、必要なときには、あなたから、親切な応対と熱心な奉仕を要求するだろう。だが、わたしが今、話しているのは、一般大衆のことだ。

こういう一般の投票者を、味方につけておく必要がある。そうすれば、毎朝、あなたの家を支持者でいっぱいにすることができるし、彼らを保護するという約束によって、自分のほうにつなぎ留めておくこともできる。

彼らがあなたの家から送り出されるときには、家に来たとき以上に、あなたの主張をもっと熱狂的に支持するようになっているから、彼らはますます多くの人に、あなたの良い評判を広めてくれるだろう。

なんでも喜ぶことを言え

常に、宣伝のことを考えなければならない。わたしはそのことを、この手紙の最初から、ずっと話してきたが、あなたの持てるすべての強みを使って、できる限り多くの人々に、選挙戦に関する言葉を広めることが不可欠だ。あなたの**公の場での演説家としての能力**が勝利の鍵となる。

財界の人々、公共の契約を実施する人たちの支持も同様だ。貴族や、優秀な若い人たち、法廷で弁護してやった人たち、イタリアの町々[27]のリーダーたちの支援のことは、もはや、言うまでもないだろう。

これらのグループの人々を味方につけることで、**大衆はあなたのことを、良い関係に恵まれ、重要人物を友としている、勤勉な候補者であり、親切で、気前の良い人だと思うようになる。**

そうなれば、あなたの家の前は、夜明け前から、あらゆる種類の支持者でいっぱいになるだろう。それらの人たちには、なんでもいいから、彼らが喜ぶようなことを言ってやろう。それというのも、すべての投票者を自分の側につけるためには、無限の努力をしなければならないからだ。

そのために、熱心に働かなくてはならない。そうすれば、一般の大衆の多くが、単にあなたについて友人から良い評判を聞くだけでなく、実際にあなたの支持者になるだろう。

あなたはポンペイウスを称賛することによって、そして、彼の部下であるマニリウス[28]とコルネリウスを擁護することによって、すでにローマの群衆や、群衆に影響を与える人々の支持を得ている。

27）自治都市（ムニキピウム）。ラテン語では「municipia」。住民がローマの市民権を持つ、自治体だった。キケロも、このようなムニキピウムの出身である。

28）ガイウス・マニリウス。紀元前66年にトリブヌス（護民官）に選ばれた。解放奴隷を投票のできるトリブス民会に分配するという法案を起草して、ローマ市民に喜ばれたが、この法案はすぐに元老院によって無効にされた。彼はポンペイウスと同盟を組んでおり、ポンペイウスに、アジアの王ミトリダテスや、地中海の海賊たちと戦うための統帥権を授与した。ポンペイウスの宿敵たちによって告発されたが、プラエトル（法務官）だったマルクス・キケロは彼に好意を示して、裁判を先延ばしにした。

今、あなたはこれまで誰もやってこなかったことをやらなければならない。つまり、自分の人気の基盤に、貴族の支持を加えることだ。

しかし、その一方で、庶民にも何度でも思い出させなければならない。あなたが、彼らの英雄であるポンペイウスの好意を得ていること、そして、あなたがコンスル（執政官）になれば、ポンペイウスもおおいに喜ぶということを。

人々に希望を与えよ

最後に、ローマの大衆についていうなら、彼らのために、**いつも見ごたえのあるショーを演じてみせなければならない**。もちろん、威厳がなければいけないが、同時に、色彩にあふれ、大衆を大喜びさせる見世物でなければならない。

それから、あなたの**競争相手がどれほどひどい悪党であるかを大衆に思い出させ**、機会を逃さず、彼らがみずからこうむっている、犯罪、性的なスキャンダル、汚職などの汚名に言及してやるのも、悪くはないだろう。

選挙運動のなかでも、最も重要なことは、**人々に希望を与え、あなたに対する好意**

を育むことだ。とはいっても、元老院に対しても、人々に対しても、**具体的なことを誓約してはならない。曖昧で一般的な話だけにしておくこと**だ。

元老院に対しては、元老院の伝統的な権力と特権を維持すると言っておく。財界や、富裕層には、あなたが安定と平和を旨とすると思わせておく。平民たちに対しては、演説のなかでも、法廷で平民の利益を守ってやるときでも、自分はいつも平民の味方だと言って安心させよう。

ローマという汚水溜《おすいだ》めで…

以上、わたしが述べてきたことは、朝、あなたが広場に行くときに心のなかで唱えるべきだと勧めたこと、そのうちの最初の2つに関連して、思い浮かんだことだ。その2つとは、「わたしはアウトサイダーだ。わたしはコンスル（執政官）になりたい」という、2つのことだ。

さあ、最後に、3つめのことについて、簡単に話しておこう。3つめ、それは、「ここはローマだ」ということだ。

われわれの都市ローマは、人間の汚水溜めであり、偽りと陰謀と、考えられる限りのあらゆる悪徳の集まる場所だ。どちらを向いても、見えるものは、傲慢、頑固、悪意、高慢、そして憎しみだ。

これほどの悪が渦巻くなかで、つまずいて転ぶことなく、陰口を言われず、裏切られずにいるためには、よほどの健全な判断力と優秀なスキルのある男でなくてはならない。

さまざまなふるまい方、話し方、感じ方に適応しながら、自分の高潔さを守り続けられる男が、いったい、どれほどいるだろう。

このような混沌とした世界のなかでも、あなたは自分が選んだ道から離れてはならない。あなたの雄弁家としての比類のないスキルこそが、ローマの人々をあなたに引き寄せ、あなたのそばに引き留めておくのだ。

あなたの競争相手たちは、賄賂を使うことであなたの支持者を奪おうとするかもしれない。賄賂はしばしば効き目があるものだからだ。

あなたは彼らの行動を非常に注意深く見ていて、**そんなことをしたら、法廷に引き**

出すとわからせておこう。彼らはあなたに見られていることを恐れ、あなたの弁舌を恐れ、あなたが財界に影響力を持っていることを恐れるだろう。

あなたの競争相手たちを、実際に汚職の罪で法廷に引き出す必要はない。ただ、あなたがそうすることを厭《いと》わないということをわからせておけば良い。**実際の告訴よりも、恐れのほうが効果があるものだ。**

それに、賄賂の話を聞いても、失望する必要はない。**わたしは信じている。どんなに腐敗した選挙であっても必ず、金を受け取らなくても、自分の信じる候補者を支持する投票者がたくさんいるはずだ。**

だから、あなたがもし、この選挙で必要なことに注意を怠らず、あなたの支持者たちを元気づけ、誰と協力するべきかを正しく見きわめ、あなたの競争相手に対しては、その罪を告訴すると脅迫し、彼らの代理人たちを怖がらせ、金を渡そうとする者にそれをやめさせれば、あなたは賄賂に打ち勝つことができる。少なくとも、その効果を抑えることができるはずだ。

兄さん、わたしの言いたいことは、これで全部だ。

わたしのほうがあなたより、政治のこと、選挙のことを、よく知っていると言うつもりはない。ただ、あなたはとても忙しいし、わたしのほうが、もっと容易に、これらのルールを書き記すことができるかもしれないと思ったのだ。

もちろん、わたしは、これらの教訓が、選挙に立候補する人なら、誰にでも当てはまるなどと言う気はない。これは、あなただけのために書いたものだ。

だが、もし、兄さんが何か、これにつけ加えたいとか、提案したいことがあったら、そうしてくれると、大変うれしい。

わたしは選挙についてのこの小さな手引書を、完全なものにしたいと思っているからだ。

選挙の結果

マルクス・キケロは、ほかのどの候補より多い票を獲得して、選挙に勝った。

アントニウスが接戦でカティリナを制し、もうひとつのコンスル（執政官）の座を手にした。

カティリナは次の年も立候補したが、ふたたび敗北し、ついには軍隊を率いて共和国を打倒しようと企《たくら》むに至った。コンスル（執政官）であるキケロは、この陰謀を暴き、元老院を説得してカティリナに対する戦争を布告し、カティリナは戦いのうちに死んだ。

この行動によって、キケロは「パテル・パトゥリエ」（祖国の父）の称号を贈られた。

その後、将軍たちや独裁者たちが台頭し、キケロは元老院の権力を守るために苦労したが、死ぬまでこの「祖国の父」という称号を誇りとしていた。

クィントゥスは、兄がコンスル（執政官）に選ばれた2年後に、プラエトル（法務官）に選出された。その後、3年にわたって、アジア（現在のトルコ）で総督をつとめたが、その間、ローマにいた兄マルクスは長い手紙を送って、弟のために助言を続けた。

クィントゥスは、ユリウス・カエサルがガリア戦争に赴いた際には勇敢で有能な副官だったが、その後の内戦ではカエサルに背いてポンペイウスを支持した。カエサルはクィントゥスを許したが、紀元前44年3月15日にカエサルが暗殺され、マルクス・アントニウスとアウグストゥス（オクタウィアヌス）が権力の座に就いた。2人はカエサルほど寛大ではなかった。

紀元前43年、マルクスとクィントゥスのキケロ兄弟は暗殺された。それは共和政ローマの死であり、帝政ローマの始まりだった。

日本語版解説

2000年前から変わらぬ人間の心理――心理学者　内藤誼人

人間関係は、「選ばれる」ことの連続

本書は、これから政治家になろうという人に向けて書かれたものです。

しかし、「なんだ、それならわたしには関係がないな。なぜなら、わたしは政治家になろうなんて、これっぽっちも思っていないのだから」と投げ捨てるようなことをするのは、あまりに早計というものでしょう。

なぜなら、「選ばれる方法」を学ぶことは、〝あらゆる人〟にとって有益だからです。

わたしは今、〝あらゆる人〟と言いましたが、これは誇張ではありません。本書にはどんな人にとっても役に立つアドバイスが満載されているのです。

たとえば、次のように考えてみればその理由がよくわかるでしょう。

・「この人と友だちになりたい」と選んでもらえなければ、友だちもできない
・「こういう素敵な人とお付き合いしたい」と選んでもらえなければ、恋人もできないし、もちろん結婚もできない
・「ぜひ、こういう人材がほしいんだよな」と人事担当者に選んでもらえなければ、就職もできない
・「すばらしい上司だ」と部下に選んでもらえなければ、上司として部下の管理もできない
・「こういう人から買いたい」とお客さまに選んでもらえなければ、仕事の業績も上がらないので、昇給もしなければ、出世もできない

いかがでしょう。思いつくままにざっといくつか例を挙げてみましたが、「選ばれる」ことの大切さがわかるのではないでしょうか。

山奥にひっそりと隠棲して、誰とも付き合わずに生活していけるのなら、本書は必

要ないかもしれません。ですが、現実にはそんな人はめったにいないでしょうから、誰にとっても本書は役に立つのです。

なぜなら、あらゆる**人間関係というものは、相手に「選んでもらう」ことによって成り立っている**からです。

2000年前に書かれた「人付き合いの極意」

本書の内容は、確かにそのまま読めば、有権者の心をつかみ、選挙で当選するためのノウハウを紹介しています。

けれども、少し見方を変えてみれば、そのノウハウは、友だちづくりや恋人づくりにも応用できそうですし、どうすればお客さまの心をつかみ、ロイヤルカスタマーになってもらえるのかの技術としても読むことができます。つまり、本書はいろいろな読み方が可能なのです。

もともと本書は、2000年も前に書かれた古典ですが、**古典の良さというものは、いろいろな分野に応用することができるところにある**のだろう、とわたしは思っています。つまり、幅広い、自由な解釈ができるのが古典なのです。

たとえば、『孫子』という中国の古典がありますが、『孫子』はもともと兵学書。ところが、時の為政者たちに愛読され、組織の管理や経営に応用されてきました。現代でも、『孫子』の基本的な思想は、リーダーシップやマネジメント理論に応用されていたりします。本書もまさに同じような読み方ができます。

わたしが、心理学の専門家ということもあるのでしょうが、**本書はわたしにとっては、「人付き合いの極意」のような内容に読めました。**

わたしは政治学者ではありませんし、ギリシアの古典にもまったく造詣が深くありませんので、この「解説」では、**心理学的に本書を読み解いたら、どのようになるのかについて**考えてみたいと思います。

身近な人ほど大切にすべき理由

家族など、自分の近くにいる人たちをないがしろにしてはいけない。
彼らが全員、あなたの味方であり、あなたの成功を望んでいなくてはならない
（40ページ）

人はものすごく弱い存在です。1人では生きていけません。ですから、どんな人も常に家族や友人に対して**「わたしのような人間と付き合ってもらえるのは、なんとありがたいことか」**という感謝の気持ちを持って接することが大切です。

自分を応援してくれる人がいると、心にパワーも生まれます。

たとえばスポーツといえば、なんとなく実力だけの世界だと思われるかもしれませんが、それは大間違い。

ノースカロライナ大学のダニエル・ゴールドは、アトランタオリンピックの後で、

全米オリンピック委員会の求めに応じて、期待通りの結果を出したチームと、期待に沿えない結果のチームを分けるものは何かを分析してみたことがあります（どの競技のどのチームかは守秘義務のために論文でも明かしていません）。[29]

その結果、**ゴールドは成功した4チームと、失敗した4チームを分けるものとして、「家族と友人からのサポート」があることを突き止めました。**

成功したチームは、4つとも家族や友人からの温かなサポートがあったのに、失敗したチームでは、家族や友人からサポートを受けていたのは1つだけでした。

オリンピック選手は、自分の実力だけでは勝てません。家族や友人からの励ましや勇気づけなどでパワーをもらえるからこそ、勝てるのです。

29）【参考文献】Gould, D., Guinan, D., Greenleaf, C., Medbery, R., & Peterson, K. 1999. Factors affecting Olympic performance: Perceptions of athletes and coaches from more and less successful teams. The Sport Psychologist, 13,371-394.

クィントゥスは兄のキケロに、「コンスル（執政官）になりたければ、まずは家族と友人を味方にせよ」と言っておりますが、**このアドバイスは政治家にかかわらず、スポーツ選手にも、ビジネスマンにも同じように当てはまる心理法則だといえます。**

会う回数は多いほど選ばれる可能性が上がる

ローマにいること、広場にいること、常に投票者たちと話すこと、次の日も、また次の日も、彼らと話すことだ

（71ページ）

クィントゥスは、**「町を離れるな」**というアドバイスをしています。ローマから遠く離れず、いつでも有権者のそばにいて、とにかく握手をしまくることを推奨しているわけですが、**「選ばれる人」になりたければ、とにかく人との接点を増やす**ことを考えなければなりません。

心理学には、**「単純接触効果」**と呼ばれる有名な法則が知られています。

顔だちやら、体型やら、性別やら、身長やら、性格やら、そういうものとはまったく無関係に、**単純に接触頻度が高まれば（会う回数が多くなれば）、それだけ人に好かれやすくなりますよ、**というのが単純接触効果です。

わたしたちは、同じ顔を何度も見ていると、親しみを感じ、愛着を感じるものです。読者の皆さんも、頻繁にメディアに露出しているタレントさんや有名人に対しては、それなりに好感を持ってしまうのではないでしょうか。これが単純接触効果です。

面白い研究をひとつご紹介します。

ピッツバーグ大学のリチャード・モレランドは、４人の女性のアシスタントにお願いして、大学の心理学コースに出席させました。[30] 彼女たちは、ほかの学生とは一切会話をせず、ただ誰からも見えるように一番前の席に座って講義を受けることになっていたのです。

30）【参考文献】Moreland, R. L., & Beach, S. R. 1992. Exposure effects in the classroom: The development of affinity among students. Journal of Experimental Social Psychology,28, 255-276.

出席回数	0回	5回	10回	15回
魅　力	3.62	3.88	4.25	4.38

出席回数と魅力の関係　※数値は7点に近いほど、魅力的と評価されたことを示します

なお彼女たちは、出席する回数があらかじめ決められていました。それぞれに0回、5回、10回、15回の出席をしたのです。

最後の講義のときに、モレランドはクラスの学生たちに4人を紹介し、「彼女と友だちになりたいと思いますか？」「一緒にいて楽しそうだと思いますか？」といった質問をすることで魅力の得点をつけてもらいました。すると、上記のような結果になったそうです。

数値を見れば明らかなように、何度も講義に参加して、みんなに顔を見てもらえれば見てもらえるほど、魅力は高まるのです。

お客さまに一番好まれる営業マンや、保険の外交員は、とにかく頻繁にお客さまに会いに行く人です。面倒くさがらずに、何度も足を運ぶ人が一番お客さまに信用されるのです。

美人であるとか、イケメンであるということも少しは重要かもしれませんが、**それ以上に大切なのは、とにかく直接会うこと**だといえる

でしょう。

敵の弱点を利用する…のは、逆効果

> あなたの競争相手がどれほどひどい悪党であるかを大衆に思い出させ、（中略）汚名に言及してやるのも、悪くはないだろう（80ページ）

クィントゥスは、ライバルの候補者の悪い面を強調することによって、相対的に自分のほうが相手より選ばれやすくなる、と述べています。

しかし、残念ながら、**心理学的に言うとこの方法は逆効果**。相手の悪口を言いまくっていれば、こちらの評価が良くなるのかというと、そんなこともありませんので、この点は注意する必要があるでしょう。ほかの人についてのネガティブ・キャンペーンは、絶対にやらないのが、少なくとも心理学的には正解です。

オハイオ州立大学のジョン・スコウロンスキは、誰かが第三者について悪口を言っているビデオを作成し、それを数多くの人に見せて評価を求めてみました。

すると、ビデオを見た人たちは、悪口を言われている対象となっている人ではなく、話し手に対して、「嫌なやつだな」と感じることが明らかにされました。[31]

ほかの人の悪口を言っていると、自分自身が嫌われるので要注意。自分の株が上がる、ということはありません。

「人を呪わば穴二つ」という言葉もありますが、ほかの人に対して悪く言っていると、結局は、自分の株のほうも下がってしまいますから、やめておいたほうがいいのです。

ビジネスシーンにおいても、同業者や、ライバル企業の商品について悪く言う人はけっこうたくさんいます。

「あそこの会社はアフターサービスが悪いんですよ」

「実は、あそこの商品って、価格が高いわりに壊れやすいんですよね」

このように他社の悪口を言うことによって、相対的に「自社の良さ」「自社製品のすばらしさ」をアピールしようとするのでしょうが、残念ながらこのやり方はうまくいきません。他人を悪く言っていると、結局は自分が悪く評価されて、損をするのです。

「いや、政治の世界では、ネガティブ・キャンペーンが有効なのでは？」と思う人がいるかもしれませんが、これも間違いです。

マサチューセッツ大学のエリック・マークスは、２００４年の大統領選についての分析をし、ネガティブ・キャンペーンはやらないほうがいいという結論を導いています。[32] わたしたちは、悪口を言っている人をどうしても好きになれないので、これは当然だといえるでしょう。

31）【参考文献】Skowronski, J. J., Carlston, D. E., Mae, L., & Crawford, M. T. 1998. Spontaneous trait transference: Communicators take on the qualities they describe in others. Journal of Personality and Social Psychology,74, 837-848

32）【参考文献】Marks, E., Manning, M., & Ajzen, I. 2012. The impact of negative campaign ads. Journal of Applied Social Psychology,42, 1280-1292.

日本でも、野党は何かというと政権与党の悪口しか言っていませんが、そうすることで自分たちの支持が増えると考えているとしたら、心理学的には間違えたやり方をしていることになります。

他人の悪口を言っても、自分への支持は増えません。むしろ、自分が嫌われるだけです。

「好かれる人と付き合う」は有効か

> 最も重要なのは、優れた評判を持つ人々だ。たとえ、彼らが積極的にあなたを支援してくれなくても、彼らとつながりがあるというだけで、その事実があなたに威厳を与えてくれるだろう（40ページ）

クィントゥスは、特権階級の人たちや、貴族たちと親密な関係を築くことをアドバイスしています。すばらしい人と付き合っていれば、自分の評価もそれに合わせて高まることを期待しているわけです。こういう「虎の威を借る狐」のようなやり方は、実際のところ、どうなのでしょうか。効果があるのでしょうか。

実をいうと、これは大正解。

好かれている人と付き合っていると、こちらの印象もそれに合わせてアップするのです。

付き合う友だちはしっかりと選んだほうがいい、といわれるのはそのためです。悪く評価される人と一緒につるんでいると、こちらの評価まで悪くなってしまうのです。たとえば、不良の友だちと遊んでいると、たとえ自分は不良ではなかったとしても、周囲の人はそう受け取ってくれません。なんだか悪いことをやっている人のように思ってしまうでしょう。

人間というものは、一緒にいる人を「ペア」や「グループ」として、同じ仲間として評価するのです。自分の株を上げたいのなら、できるだけ相手を選んだほうがいいでしょう。

米国テキサス州にあるライス大学のミッシェル・ヘブルは、空港の待合場所で待機している人たちに声をかけ、「あなたは、この男性が仕事に応募してきたら雇いますか？」と写真を見せてみました。[33]

なお、ヘブルが用意していた写真には2種類あって、普通の女性と並んで写っているものと、悪い印象を与える女性と一緒に写っているものがありました。すると、一緒に写っているのがあまり良い印象を与えない人だと、その男性を「雇わない」という回答が多くなったのです。

ドナルド・トランプ前大統領は、おそらくはメラニア夫人におおいに助けられたはずです。なぜなら、メラニア夫人が相当な美人だから。一緒にいるトランプ前大統領の魅力もかなり「水増し」されただろうと心理学的には予想できるわけです。

できるだけ好感を与えるような人と一緒にいたほうが、確実に読者の皆さんの株も上がります。この点は、クィントゥスが喝破《かっぱ》した通りだといえるでしょうか。

妬まれないようにする技術

――あなたに嫉妬している人がたくさんいる　（33ページ）――

お兄さんのほうのキケロは、大変に優秀な人でした。スキャンダルもなく、雄弁の術にも優れていました。そのため、弟のほうもその点を心配して、「兄さんは、妬まれないようにね」とくれぐれも注意するように述べています。

能力があることはすばらしいことだとは思うのですが、そういう人ほど周囲の人から妬みを買いやすいということは、わたしたちも覚えておいたほうがいいでしょう。

ノーザン・イリノイ大学のステファニー・ヘナガンは、『職場に潜む成功の危険』

33）【参考文献】Hebl, M. R., & Mannix, L. M. 2003. The weight of obesity in evaluating others: A mere proximity effect. Personality and Social Psychology Bulletin,29, 28-38.

という タイトルの論文を発表しています。[34]

ヘナガンが、4つの不動産会社で働く販売員のうち、社内賞をとるような優秀な販売員について調べてみると、優秀な人ほど同僚たちから妬みや怒りを買いやすいことがわかりました。優秀な人は嫉妬されて、周囲の人たちから嫌がらせやいじめを受けやすいのです。

では、どうすれば妬みを避けることができるのでしょうか。

そのための作戦として、ヘナガンは、**「謙虚な自己アピール」**を挙げています。

能力や実力があるからといって、調子に乗っているように受け止められてしまうと、嫌われてしまいます。

そこで優秀な販売員ほど、嫌われないようにものすごく謙虚なアピールを心がけていることをヘナガンは突き止めています。

たとえ、仕事がうまくいっても、できるだけ謙虚な姿勢を見せ、**できるなら自分の手柄をそっくりそのままほかの人に譲ってしまいましょう。**

「いやいや、うまくいったのは○○さんのサポートのおかげですよ」
「○○さんがきちんとお膳立てしてくださったので、ほとんどわたしは何もしていません」

このような感じで手柄をほかの人に譲ってあげてしまったほうが、周囲の人から妬まれずにすみます。

あるいは、わざとドジなところを演じてバランスをとるのもいいですね。

たまにドジなところを見せるようにすれば、「○○さんはとても優秀なのに、時折、ドジなこともする」ということで、かえって印象が良くなることがあるかもしれません。

34）【参考文献】Henagan, S. C., & Bedeian, A. G. 2009. The perils of success in the workplace: Comparison target responses to coworkers' upward comparison threat. Journal of Applied Social Psychology,39, 2438-2468.

「ありがとう」を口癖にする

> 彼らの忠誠にいつも感謝していること、彼らがあなたのために何をしてくれているか、あなたがいつもちゃんとわかっていて、とても感謝していることを伝えよう
> （44ページ）

どんな人からも「選ばれる人」になるのは、そんなに難しいことでもありません。ある〝魔法の言葉〟を常に口にするようにすればいいのです。

その言葉とは、**「ありがとう」**。

本当に親切にしてもらったときにだけ「ありがとう」と言うのではいけません。**ほんの些細《ささい》な親切でさえ、どんどん「ありがとう」と感謝を伝えるのがポイントです。**

「ありがとう」という言葉は、ケチケチせずに、どんどん大盤ぶるまいをするのが、人間関係のコツです。

ペンシルバニア大学のアダム・グラントは、**「ありがとう」という感謝の言葉を使うと、お礼を言われたほうは、感謝してくれた人にさらに援助や支援をしたくなる**ことを実験的に確認しています。[35]

グラントは、オンラインで「文章力の研究」という名目で人を集め、応募してきた人にメールを返信しました。ただし、メールには2種類あって、「本当にありがとう」という感謝が含まれたメールと、実験の説明のみのメールがありました。

それから「別の実験にも参加してもらえませんか？」という2回目のメールを送ってみると、「ありがとう」とお礼のメールをもらった人の66％が2番目の実験にも協力を申し出てくれました。しかし、お礼を言ってもらえなかった人では、32％しか応じてくれませんでした。

わたしたちは、**お礼を言われると、「もっとほかのこともやってあげたい」と思う**

35）【参考文献】Grant, A. M., & Gino, F. 2010. A little thanks goes a long way: Explaining why gratitude expressions motivate prosocial behavior. Journal of Personality and Social Psychology,98, 946-955.

のですが、お礼がないと、「なんだよ、こいつは！」とムッとして、それ以降は善意を見せてくれなくなるのです。

相手が部下であれ、後輩であれ、何か仕事をしてもらったときには、「そんなの当たり前だ」という顔をするのではなく、ものすごく大きな笑顔を見せて、「本当に助かったよ、ありがとう」とお礼を言うのがコツです。

そうすれば、**お礼を言われたほうは、皆さんのために、もっと大きなお手伝いもしてくれるようになるはずです。**

「親切は返ってくる」は本当か

わざわざ時間を作って投票者に話しかけることもせずに、彼らを味方につけようというなら、それには、奇跡のような能力、名声、功績が必要だろう

（48ページ）

わたしたちは、**自分に何かをしてくれた人に対しては自分のほうも何かしてあげたいと思う**のです。逆に、自分に対して何もしてくれない人に対しては、自分も何かしてあげたいとは思いません。

心理学には、**「返報性」**と呼ばれる原理が知られています。

わたしたちは、善意を見せてもらえるからこそ、自分も善意を返したくなるのです。これが「返報性」と呼ばれるルールです。

クィントゥスは本文中で、何もしないのであれば、「選ばれる人」にはなれるはずはないと釘を刺しています。面倒くさがらずに、いろいろな人に良いことをしましょう。そうしていれば、ほかの人たちも皆さんに善意を見せてくれるようになります。

オランダにあるアムステルダム大学のヤコビエン・ファン・アペルドールンは、オンラインで面白い実験をしています。[36]

36）【参考文献】van Apeldoorn, J. & Schram, A. 2016. Indirect reciprocity; A field experiment. PLoS ONE 11, e0152076.

	以前に宿を提供した	以前に宿を提供していない
メールの返信をくれた人の割合	53.1%	40.9%
「貸してあげる」という割合	28.1%	12.9%

以前に宿を提供しているかどうかによる反応の違い

海外旅行をしたい人と、旅行者に自分の自宅を宿として無料で貸してあげたい人のマッチングサイトがあるのですが、そこに旅行希望者を装って、架空のプロフィールを189名分載せてみたのです。

プロフィールは細かいところは変えましたが、大きく2つの種類が作られました。ひとつは、「わたしは以前に、ほかの旅行者に宿を提供したことがある」という記載があるもの。もうひとつは、そういう記載がないものです。

すると、上記のような結果が得られました。

ほかの誰かに親切なことをしてあげた人は、自分が旅行者になったときに、ほかの人から宿を貸してもらいやすくなることがわかります。

わたしたちは、ほかの人に親切にしている人を見ると、

自分もその人に親切にしてあげたいと思うものなのです。親切にしてもらいたいなら、まずは自分からほかの人に率先して親切なことをしてあげましょう。自分ばかりが得をしようとしても、現実にはなかなかそういうわけにはいきませんから。

苦手な人こそ話しかけよ

だから、ちゃんとした人であれば話しかけないような人たちとでも、自分から進んで、恥ずかしいことだと思わずに、どんどん友だちになればいい

（47ページ）

クィントゥスは、多様な人々と友だちになって、すべての投票者の支持を獲得できるようにがんばることを勧めていますが、**さまざまな人と付き合うのは心理学的にも良いことです。**

「好きな人とだけ付き合う」というのは、あまり良い作戦ではありません。

自分がちょっと苦手だなとか、好きではないなという人ともどんどん付き合ってみ

ましょう。

「食わず嫌い」という言葉がありますが、無理にでも口にしてみると、意外においしいということはよくあります。人間の好き嫌いもそうで、がんばって付き合ってみると、「あれっ、意外に好ましい人だったんだな」ということに気づかされることは少なくありません。

「年寄りは頑固で口うるさい」という偏見を持っていたとしても、実際にお年寄りと接してみると、自分の偏見が間違えていることに気づかされることはよくあります。

偏見を吹き飛ばすのに一番いいのは、そういう人を避けるのではなく、むしろ、相手の懐のなかに自分から飛び込むこと。実際に接してみると、偏見はすぐに消えてくれます。

シアトル・パシフィック大学のマーガレット・ブラウンは、114名の大学生を2つのグループに分け、片方のグループを、ホームレス・シェルター、身体障害者の介護施設、エイズ患者のホスピス病院に送り込み、9週間にわたってお手伝いをさせました。[37]

ホームレスや身体障害者やエイズ患者に対して、ある種の偏見を持っている人も多いものですが、実際に彼らと接触し、いろいろとコミュニケーションをした学生たちは、そういう偏見がずいぶんと薄れることがわかりました。

ちなみに、残りの学生には、図書館に行って、ホームレスや身体障害者やエイズ患者についての資料を調べさせたのですが、こちらのグループでは偏見を減らすことはできませんでした。

自分が苦手とするタイプや、嫌いなタイプを避けるのではなく、**むしろ、どんどん自分から相手に近づいてゆくのが、苦手意識を消すうえでも効果的です。**

37）【参考文献】Brown, M. A. 2011. Learning from service: The effect of helping on helpers' social dominance orientation. Journal of Applied Social Psychology,41, 850-871.

いつでも笑顔でいるべき理由

――あなたの顔の表情も、態度も、オープンにしておかなければならない（72ページ）――

クィントゥスは、いつでもにこやかな笑顔を見せて、表情をオープンにすべきだと述べていますが、心理学的にいっても、まさにその通りだと思います。

こちらがにこにこしていれば、それを見た相手も笑顔を返してくれます。**こちらが心をオープンにしていれば、相手も心をオープンにしてくれるのです。**

先ほど「返報性」について述べましたが、**表情に関しても、やはり「返報性」が見られます。**こちらが笑顔なら、相手からも笑顔が返ってくるのに対して、仏頂面をしていたら、相手からも仏頂面が返されるのです。

たえず柔和な笑顔を見せ、始終上機嫌な態度をとっている人のまわりに、人は自然と集まってきます。不機嫌そうな顔をしていたら、「選ばれる人」には絶対になれませんから、注意してください。

アムステルダム大学のアニーク・ブルートは、男女の学生アシスタントを雇って、デパートやスーパー、ショッピング・モールなどにやってきた買い物客639名に声をかけさせてみました。[38] 動物愛護団体の人を装って、嘆願書への署名をお願いしてみる、という実験です。

ただし、アシスタントは、ある人に対しては、笑顔で近づいてゆきました。別の人に対しては、まったく何の感情もまじえず、無表情で近づいて声をかけるようにしてみました。

すると、どうでしょう。**笑顔で声をかけられた人は、64・9%が笑顔を返してくれたのに、無表情で声をかけると、64・7%が無表情を返してきたのです。**

さらに、笑顔で署名を頼むと、51・3%が快く応じてくれましたが、無表情のとき

38）【参考文献】Vrugt, A. 2007. Effects of a smile: reciprocation and compliance with a request. Psychological Reports,101,1196-1202.

には29・3%しか応じてくれませんでした。

とにかく、いつでも笑顔を絶やさないようにすれば、周囲の人たちは皆さんに親切にしてくれるでしょう。なぜなら、わたしたちはいつでもにこにこしている人が大好きだからです。「陰気な人が好き」という人は、あまりいません。

わたしたちは、いつでも朗らかに微笑んでいて、明るく、陽気で、太陽のような人が好きなのです。

選ばれたければ名前で呼べ

第1に、候補者が自分を覚えていてくれることほど、ごく普通の投票者を感動させることはない（70ページ）

人に好かれたければ、とにかく**相手の名前を覚えて、会話のなかで相手の名前を呼びかけるようにしましょう。**それだけで、皆さんの魅力はすぐにアップします。

嫌われる人には、共通する特徴があって、それは「人の名前を覚えない」ことです。逆に、好かれる人は、一度会って名刺交換をした人の名前は、半年たっても、一年たっても覚えていることが多いのです。

「○○さん」と相手の名前をきちんと呼びかけることは、「わたしはあなたを大切に思っていますよ」「わたしはあなたに好感を抱いていますよ」というサインになります。ですので、名前を呼ばれたほうもうれしく感じるのです。

面白い実験を紹介しましょう。[39]

南メソジスト大学のダニエル・ハワードは、講義の初日に学生に自己紹介を求め、別の日に、学生に「クッキーを買ってもらえないか？」とお願いしたのです。

ただし、半数の学生にお願いするときには、きちんと相手の名前を呼びかけながらお願いし、残りの学生には、名前を呼びかけずにお願いしました。

39）【参考文献】Howard, D. J., Gangler, C., & Jain, A. 1995.What's in a name? A complimentary means of persuasion. Journal of Consumer Research,22, 200-211.

すると、どうでしょう、**教授から名前を呼びかけられた学生は90％がクッキーを買ってくれたのに、名前を呼んでもらえなかった学生では、55％しかクッキーを買ってくれませんでした。**

わたしたちは、名前を覚えてもらえると相手のために何かをしてあげよう、という気持ちになりますが、名前も呼んでくれない人には、冷たい対応をとるものなのです。

クィントゥスは、**「毎日、人の名前と顔を思い出すよう、努力しよう」**というアドバイスをしていますが、**これは政治家に限らず、どんな人も守るべきルール**だといえるでしょう。

人に好かれたければ、とにかく相手の名前を覚えるのが一番のやり方なのです。

商売が繁盛している料理屋の女将《おかみ》さんや、ひいきのお客をたくさん抱えている旅館の女将さんなどは、とにかくお客の名前をすぐに覚え、きちんと名前を呼びかけるといわれていますが、名前を呼びかけることは、信じられないくらいの効果を上げるのですね。

「ノー」と言う代わりにすべきこと

――なんでも約束してしまえ（76ページ）――

第4巻において、クィントゥスは、「ノー」と言うのは、極端な場合だけにしておかなければならない、というアドバイスをしていますが、これは少し間違えています。正解は、**どれほど極端な場合であろうが、絶対に「ノー」は言ってはいけないのです。**

何かをお願いされたときには、基本的に、喜んで「イエス」と言うのが正解。

なぜなら、「ノー」と言われるのは、相手にとってものすごく不愉快ですし、気分を害することだから。ですので、あらゆる人付き合いにおいて「ノー」は厳禁だということを覚えておくといいでしょう。

「つまり、自分がやりたくないことでも『イエス』と言わなければならないのですか？」

「ということは、嫌なことでも我慢して受け入れるしかないのですか？」


そんなふうに誤解する読者がいらっしゃるかもしれませんが、それも違います。

たとえば、自分が嫌だなと思うことをお願いされたときには、**「拒絶」でなく、「交渉」をすればいいのです。**つまり、自分が納得できるような要望を、こちらからも相手にぶつけ返せばいいのです。それなら、お互いにウィン・ウィンになりますよね。

こちらが一方的に我慢しなければならない、ということでもありません。


上司に残業をお願いされたというケースで考えてみましょう。

こんなときには、こちらからも自分が納得できるような条件なり、要望なりを相手にぶつけるのです。

「わかりました。残業しますので、今度飲みに連れて行ってください」
「わかりました。喜んで残業しますので、夏休みの有休は優先的にとらせてください」

このような具合に、自分からもどんどん要望をぶつけていけば、「残業を無理強いされた」という気分も軽減され、お互いに心理的なしこりが残らないのです。

ノースカロライナ大学のベネット・テッパーが、347名のマネジャーに、部下とのやりとりを思い出してもらい、どういう部下が〝かわいい〟のかを調べてみたところ[40]、**自分からの要求を「拒否」する部下が気に入らなくて、「交渉」してくる部下のほうが〝かわいい〟ということがわかりました。**

「拒絶」されるとムッとしますが、「わかりました。ですが、仕事の進め方に関して

40）【参考文献】Tepper, B. J., Uhl-Bien, M., Kohut, G. F., Rogelberg, S. G., Lockhart, D. E., & Ensley, M. D. 2006. Subordinates' resistance and managers' evaluations of subordinates' performance. Journal of Management ,32, 185-209.

はわたしのやり方でやってもいいですか?」というように、「交渉」してくる部下には、上司も腹がたたないのです。

基本的には、ほかの人からのお願いや依頼に対しては、いつでも「イエス」と言っておき、ただし、そこにこちらからも条件やら要望やらをどんどんくっつけていく、という交渉的なやり方を試してみてください。

嘘でも良いからビジョンを示す

> 選挙運動のなかでも、最も重要なことは、人々に希望を与え、あなたに対する好意を育むことだ
> （80ページ）

ソフトバンクの創業者・孫正義さんは、まだ社員が数名しかいないときから、ミカン箱の上に立って「わたしたちは、将来、豆腐の数を数えるような金額のお金を扱う企業になるのだ!」と情熱的に語っていたといいます。

豆腐の数は「一丁、二丁」と数えますが、「一兆円、二兆円」のお金を扱う企業になろうというのですから、かなりの大風呂敷を広げていたことになります。

人の上に立ちたいと思うのであれば、このように「ビジョン」を示さなければなりません。ビジョンを示すからこそ、人はそれについていこうとするのです。

クィントゥスは、選挙活動においては、**人々に希望を与えるようなことを伝えるべきだ**とアドバイスしておりますが、これは政治家にとってものすごく必要なことです。

ケネディは、「今から10年以内に人類を月に送り込む」という夢のようなビジョンを掲げましたが、それによって国民と科学者たちをおおいに発奮させることに成功しました。

池田勇人元首相も、「国民の所得を2倍にしてやる！」という所得倍増計画のビジョンを語り、国民を奮起させました。どんなに大きなビジョンであろうが、しっかりとそれを語ることが人の上に立つ人には必要でしょう。

ビジネスの世界でもそうです。

メリーランド大学のロバート・バウムは、229名の独立起業家を6年間追跡するという調査をおこなっているのですが[41]、**社長がビジョンを語るほど、その企業は成長する**ことが明らかにされました（「成長」の指標は、平均販売成長率と従業員の増加率で測定しました）。

嘘でもいいので、とにかく大きなビジョンを語りましょう。

「嘘から出たまこと」という言葉もあるのですから、少しくらい大きなビジョンでもかまいません。

だいたい、将来的に成功する人というのは、かなりの大風呂敷を広げるものですから、皆さんもそれを見習って、大きなビジョンを語ると良いでしょう。

古典のすばらしさとは、様々な分野に応用できる普遍性

以上、心理学者としての観点からあれこれと本書の内容を解説してまいりました。

もちろん、これはわたしなりの解釈であって、読者の皆さまは違う読み方をなされた

かもしれません。

古典というものは、いろいろな解釈が可能であり、優れた古典ほどその自由度が高いのです。それがまた古典の楽しみ方でもあるように思えます。

本書は、心理学が生まれるよりもはるか前に書かれた古典ではありますが、現代の心理学の観点から見ても、人の心を惹きつけるのに理にかなった内容が多く含まれていました。

２０００年たっても人の心や政治の本質は変わっていないということを教えてくれる、貴重な１冊といえるのではないでしょうか。

41）【参考文献】Baum, J. R., & Locke, E. A. 2004. The relationship of entrepreneurial traits, skill, and motivation to subsequent venture growth. Journal of Applied Psychology,89, 587-598.

英訳にあたって

――フィリップ・フリーマン

『コメンタリオルム・ペティティオニス』を英語に翻訳することは、楽な仕事ではなかった。ラテン語が曖昧な部分もあったし、現代まで伝わっている手書き原稿には誤写もたくさんあった。英訳にあたっては、原文に忠実でありながら、日常の英語を使って、現代の読者にとって親しみやすい、意味の明確なものになるように心がけた。

それから、古代ローマ特有の社会的、政治的な語彙の問題もあった。これらのラテン語の用語のなかには、相当する語が現代の言語に存在しないものも多い。たとえば、ラテン語の「equites（エクイテス）」という語は、直訳すれば、「horseman（騎手）」という意味になり、語源は「騎兵の軍務」という意味からきていた。だから、英語に訳される際にはしばしば、「knights（騎士）」と訳されてきた。

しかしこの訳だと、英語の読者のほとんどは『アーサー王と円卓の騎士たち』のような間違ったイメージを思い浮かべてしまう。キケロの時代のローマで「equites」は、やや裕福な市民たちの社会階級を意味していた。この階級は元老院議員のすぐ下に位置し、キケロのように元老院議員まで上昇する者たちもいた。彼らのほとんどは「ビジネスマン（商人）」だったので、わたしは「equites」の訳語として「business community（商人たちのコミュニティー／財界）」とか、それに近い言葉を使うことにした。

このほか、異なる社会的なグループを表す言葉として、「sodalitates（ソダリタテス）」や、「collegia（コレージャ）」というのがある。それぞれの言葉の紀元前1世紀のローマにおける役割を表す、最も近い英語として、「organizations（組織、団体）」と「special interest groups（特定利益集団）」という語を使った。

ラテン語の「optimates（オプティマテス）」は、もともとの意味は「bestmen（最高の者たち、貴族）」となるが、わたしは「traditionalists（保守主義者）」という英語を選んだ。また「populares（ポプラレス）」は、直訳すれば「men of the people（民衆の男）」となるが、ここでは「populists（ポピュリスト）」という語を選んだ。現代の英語で最も意味が近いと思うからだ。以上の語を含む用語については、本文中の脚注を参照されたい。

訳者あとがき

――船山むつみ

『選ばれる方法』というタイトルの本書を読んでくださった読者のなかには、これから何かの選挙に立候補しよう、選挙戦を戦ううえで具体的に参考にしたい、と思って読んだ方もいらっしゃるだろうか？

おそらく、そういう読者の数は少ないのではないかと思う。

だが、もし、すでに職業として政治家の道を選んでいる読者がいらっしゃるとすれば、本書を読んで、「なんだ、新しいことは何も書いていないな」、「これまで自分がちゃんとやってきた戦略ばかりだな」と思って、がっかりされたかもしれない。

そう、政治家にとっては、おそらく何も新しいことは書いていない。本書を読むと、選挙を戦う候補者に必要な戦略は、キケロ兄弟が生きた約２０００年前の共和政ローマの時代から、現代の日本に至るまで、まったく変わっていないことがわかる。

クィントゥス・キケロが兄のマルクス・キケロのために書いた本書には、現代の選挙戦略担当者も言いそうな、選挙に勝つためのなりふりかまわぬ手練手管が書きつらねてある。

・投票者にはなんでも約束してしまえ
・できないことであっても、正直にできないと言うな。とにかく約束してしまえ
・考え方のまったく異なる、どちらのグループの人たちにも、「自分たちの味方だ」、「自分たちと同じ考え方の人だ」と思わせてしまえ
・いつもなるべく多くの人たちに囲まれているようにしろ。人に囲まれているところをみんなに見られるようにしろ
・普段であれば友だちにならないほうが良い人たちとも「友だち」になれ
・恩をきせてある人たちには、恩返しを要求しろ
・人前に姿を見せるチャンスを逃すな

……などなど、読んでいるほうが恥ずかしくなるようなことばかりだ。

投票する側のわたしたちは、この昔も今も変わらない選挙戦略にだまされていていいのだろうか。

わたしたち大多数の読者にとって、本書はむしろ、「政治家はこういう手口で選挙運動をしているのだ。こういう手練手管にだまされてはいけない」と、注意を喚起してくれる書として読むべきではないか。

そう考えながら、本書を翻訳した。

投票にあたってわたしたち有権者が選ぶべきは、なんでも約束してしまう人でもなければ、どこにでも顔を出す人でもないはずだ。

わたしたちはその候補が、これから、国を(あるいは地方自治体を)、どういう方向に動かそうと考えているのか、どういうビジョンを示してくれるのか、差し迫った問題が山積している今、どんな政策と具体的な施策を用意しているのかを知る必要がある。

現職の候補の場合であれば、前回の選挙の際の公約をちゃんと実行したのか、それとも、クィントゥス・キケロの話に出てくるように、そんな約束はなかったことにしてしまうつもりでいるのか、それを厳しくチェックする必要がある。

自分が投票した候補が公約を実行していないのに、有権者の側がそのことを忘れてしまっていれば、それはクィントゥス・キケロの言うような、約束を果たす気のない候補者にとっては、まったく思うつぼだろう。

有権者が忘れないように、そして、有権者にわかりやすいように、そのチェック機能を助けるのがメディアの重要な役割だろう。

キケロ兄弟は、帝政ローマの前の共和政ローマの時代の人だが、この時代のローマの住民の全員が投票権を持っていたわけではない。

当時は奴隷の身分の人々もたくさんいたし、女性の権利も認められていなかった。男性市民の間でも、身分、財産による不公平があった。現在でも、一人ひとりが投票して代表を選ぶという権利が大きく制限されている国も多い。

日本人のわたしたちはそのことを忘れずに、選挙に参加する権利を大切に行使していかなければならないと思う。

本書は、クィントゥス・トゥッリウス・キケロの『選挙運動についての小冊子(Commentariolum Petitionis)』をわかりやすい英語に翻訳した『How to Win an Election: An Ancient Guide for Modern Politicians』を日本語に訳したものである。プリンストン大学出版局(Princeton University Press)より「Ancient Wisdom for Modern Readers(哲人に学ぶ人類の知恵)」シリーズの1冊として刊行された。

本書は2000年以上前に書かれた古典ではあるが、以上述べたように、現代のわたしたちに直接関わってくる生々しい内容であること、また、難解なラテン語をわかりやすい英語に訳した英訳者の意図にも配慮して、古典らしい言葉づかいではなく、現代の日本語に翻訳するように心がけた。

参考文献

Alexander, Michael C. "The Commentariolum Petitionis as an Attack on Election Campaigns." Athenaeum 97 (2009): 31–57, 369–95.

Bailey, D. R. Shackleton, ed. and trans. Cicero. Loeb Classical Library 28. Cambridge, MA: Harvard University Press, 2002.

Boatwright, Mary, Daniel Gargola, and Richard Talbert. The Romans: From Village to Empire. New York: Oxford University Press, 2004.

Everitt, Anthony. Cicero: The Life and Times of Rome's Greatest Politician. New York: Random House, 2003.

Freeman, Philip. Julius Caesar. New York: Simon and Schuster, 2008.

Goldsworthy, Adrian. Caesar: The Life of a Colossus. New Haven, CT: Yale University Press, 2008.
『カエサル』（上・下）　エイドリアン・ゴールズワーシー著　宮坂渉訳　白水社　2012年

Gruen, Erich. The Last Generation of the Roman Republic. Berkeley and Los Angeles: University of California Press, 1995.

Purser, L. C., ed. M. Tulli Ciceronis, Epistulae. Vol. 3. Oxford: Clarendon Press, 1953.

Richardson, J. S. "The Commentariolum Petitionis." Historia 20 (1971): 436–42.

Scullard, H. H. From the Gracchi to Nero: A History of Rome from 133 BC to AD 68. New York: Routledge, 1982.

Syme, Ronald. The Roman Revolution. Oxford: Oxford University Press, 2002.
『ローマ革命——共和政の崩壊とアウグストゥスの新体制』（上・下）　ロナルド・サイム著　逸身喜一郎他訳　岩波書店　2013年

Taylor, D. W., and J. Murrell, trans. A Short Guide to Electioneering. LACTOR 3. London: London Association of Classical Teachers, 1994.

Wiseman, T. P., ed. Classics in Progress. Oxford: Oxford University Press, 2006.

HOW TO WIN AN ELECTION
by Quintus Tullius Cicero, Translated and with an introduction by Philip Freeman

Japanese translation published by arrangement with Princeton University Press
through The English Agency (Japan) Ltd.

著者

クィントゥス・トゥッリウス・キケロ (Quintus Tullius Cicero)

紀元前102年〜紀元前43年。共和政ローマの軍人・政治家。有名な政治家・雄弁家マルクス・トゥッリウス・キケロの弟で、本書は紀元前64年の夏、コンスル（執政官）に立候補した兄のために書かれた。クィントゥスはプラエトル（法務官）をつとめた後、アジア（現在のトルコ）の総督となり、ガリア戦争ではユリウス・カエサルの副官をつとめた。マルクス・アントニウスが権力を握ると、兄ともども暗殺された。

編者

フィリップ・フリーマン (Philip Freeman)

人文学教授。ペパーダイン大学でフレッチャー・ジョーンズ西洋文化講座(西洋文化の各分野の博士号取得者が集まるプロジェクト)を主宰する。本書のシリーズにて編者、翻訳者をつとめるほか、『Searching for Sappho』(ノートン出版)、『Oh My Gods: A Modern Retelling of Greek and Roman Myths』(Simon & Schuster)など著書多数。カリフォルニア、マリブ在住。

訳者

舩山むつみ（ふなやま・むつみ）

東北大学文学部（フランス文学専攻）、慶應義塾大学法学部（政治学専攻）卒業。テレビ局勤務、新聞社の翻訳者、外国公務員を経て、翻訳者。訳書に『2000年前からローマの哲人は知っていた　怒らない方法』（文響社）など。全国通訳案内士（英語・中国語・フランス語）。

解説者

内藤誼人（ないとう・よしひと）

心理学者、立正大学客員教授、有限会社アンギルド代表取締役社長。慶應義塾大学社会学研究科博士課程修了。社会心理学の知見をベースに、ビジネスを中心とした実践的分野への応用に力を注ぐ。著書は250冊を超え、ベストセラーとなった『世界最先端の研究が教える すごい心理学』（総合法令出版）のほか、『面倒くさがりの自分がおもしろいほどやる気になる本』(明日香出版社)、『いちいち気にしない心が手に入る本』（三笠書房）などがある。

2000年前からローマの哲人は知っていた
選ばれる方法

2021年8月11日　第1刷発行

著　者	クィントゥス・トゥッリウス・キケロ
編　者	フィリップ・フリーマン
訳　者	船山むつみ
解説者	内藤誼人

装　丁	重原隆
本文フォーマット	高橋明香（おかっぱ製作所）
本文DTP	有限会社天龍社
校　正	株式会社ぷれす
翻訳協力	株式会社アメリア・ネットワーク
編　集	曽我彩＋平沢拓＋関美菜子（文響社）
カバー写真	写真：Photononstop／アフロ

発行者	山本周嗣
発行所	株式会社文響社
	〒105-0001
	東京都港区虎ノ門2-2-5 共同通信会館9F
	ホームページ　https://bunkyosha.com
	お問い合わせ　info@bunkyosha.com

印刷・製本	中央精版印刷株式会社

ISBN 978-4-86651-411-6

この本に関するご意見・ご感想をお寄せいただく場合は、
郵送またはメール（info@bunkyosha.com）にてお送りください。